Wortschatztrainer

Englisch

Wortschatztrainer
Englisch

von
Prof. Dr. Dirk Siepmann und
Barbara Holterhof

Ernst Klett Sprachen
Stuttgart

Bildquellenverzeichnis: 29 iStockphoto (RF/Emanuele Gnani), Calgary, Alberta; 30.1 Fotolia LLC (Aleksandar Todorovic), New York; 30.2 shutterstock (MarFot), New York, NY; 30.3 Fotolia LLC (Barbara Winzer), New York; 30.4 Fotolia LLC (starush), New York; 30.5 Fotolia LLC (Amir Kaljikovic), New York; 32.1/32.2 Klett-Archiv (Bettina Höfels), Stuttgart; 45 Fotolia LLC (NiDerLander), New York; 46.1 Fotolia LLC (kredo), New York; 46.2 shutterstock (Photostudio 7), New York, NY; 46.3 iStockphoto (Alina Solovyova-Vincent), Calgary, Alberta; 46.4 shutterstock (Fedorov Oleksiy), New York, NY; 46.5 shutterstock (Jump Photography), New York, NY; 46.6 iStockphoto, Calgary, Alberta; 46.7 Fotolia LLC (© angelo.gi - Fotolia.com), New York; 49 Fotolia LLC (endrille), New York; 51 iStockphoto (Jeffrey Smith), Calgary, Alberta; 54 iStockphoto (spxChrome), Calgary, Alberta; 67 shutterstock (Stephen VanHorn), New York, NY; 75 iStockphoto (John Cowie), Calgary, Alberta; 78 Fotolia LLC (viappy), New York; 81.1 shutterstock (L. Kragt Bakker), New York, NY; 81.2 shutterstock (Alex Hinds), New York, NY; 81.3 Fotolia LLC (Stephen Finn), New York; 81.4 Fotolia LLC (Harris Shiffman), New York; 81.5 Fotolia LLC (Soja Andrzej), New York; 81.6 shutterstock (Nebojsa I), New York, NY; 87 Fotolia LLC (Vladislav Gajic), New York; 92 Fotolia LLC (fotoman_65), New York; 101.1 - 101.10 Illustrationen: Sven Palmowski, Barcelona.Nicht in allen Fällen war es uns möglich, den Rechteinhaber der Abbildungen ausfindig zu machen. Berechtigte Ansprüche werden selbstverständlich im Rahmen der üblichen Vereinbarungen abgegolten.

---

1. Auflage 1 5 4 3 2 1 | 2014 13 12 11 10

Internetadresse: www.klett.de / www.lektueren.com

Autoren: Barbara Holterhof, Prof. Dr. Dirk Siepmann
Redaktion: Bettina Höfels
Layoutkonzeption: grundmanngestaltung, Karlsruhe
Gestaltung und Satz: grundmanngestaltung, Karlsruhe
Umschlaggestaltung: Elmar Feuerbach
Druck und Bindung: AZ Druck und Datentechnik GmbH, Heisinger Straße 16, 87437 Kempten/Allgäu
Printed in Germany.

ISBN 978-3-12-519534-9

9 783125 195349

Inhaltsverzeichnis

So benutzen Sie dieses Buch

Der vorliegende *Wortschatztrainer Englisch* gliedert sich in drei Teile.
Im einleitenden ersten Teil finden Sie Informationen, die Ihnen helfen, Ihr Wortschatztraining zu optimieren. Die dort vorgestellte theoretische Basis rund um das Thema **Wortschatz lernen, behalten und erweitern** wird durch zahlreiche freiere Lernangebote, die das Wortschatzlernen in Verbindung mit anderen kommunikativen Fertigkeiten (Hören, Lesen, Sprechen, Schreiben, Übersetzen/Mediation) bringen, ergänzt. Hier finden Sie vielfältige Möglichkeiten, Ihre persönliche Wortschatzarbeit in den regelmäßigen Umgang mit der Fremdsprache zu integrieren und so beständig den Wortschatz zu erweitern.

Der Hauptteil des Buches besteht aus **thematisch gegliederten Wortschatzübungen**. In 9 Kapiteln können Sie Vokabular aus insgesamt 25 Themenbereichen mithilfe des gesamten Repertoires an Übungsformen, die die Fremdsprachendidaktik für das Wortschatzlernen entwickelt hat, üben, wiederholen und anwenden und so fest im Gedächtnis verankern. Auch bei diesen Übungen, ist es unser Ziel, Strategien vorzustellen, anhand derer Sie die Struktur und Eigenschaften des englischen Wortschatzes besser durchdringen und den Wortschatz besser behalten und kommunikativ angemessen einsetzen können.

Im dritten Teil finden Sie die **Lösungen** zu allen Aufgaben. Einige Übungen verlangen eine individuelle Lösung. Hier haben wir Musterlösungen für Sie zusammengestellt, die den sprachlichen Rahmen widerspiegeln, den die jeweilige Aufgabe verlangt.

Da der Wortschatztrainer thematisch angelegt wurde, muss und soll das Buch nicht in einer chronologischen Reihenfolge durchgearbeitet werden. Wählen Sie für Ihr Training das Thema, das gerade für Sie relevant ist. Die Wahl kann durch eine bevorstehende Prüfung, eine Klassen- oder Studienarbeit oder einfach durch Ihr aktuelles Interesse bestimmt sein.

Da Wortschatztraining eine sehr individuelle Sache ist, ist es wichtig, dass Sie das für Sie relevante Vokabular strukturiert sammeln und erfassen. Legen Sie sich für Ihre Arbeit mit diesem Buch ein **Wortschatzheft** an, in dem Sie zum einen die Bearbeitung der Übungen erfassen und zum anderen Ihren persönlichen Wortschatz sammeln. Denn die Arbeit mit dem *Wortschatztrainer Englisch* wird Ihnen viele Anregungen für die Erweitungen des Vokabulars über die vorliegenden Inhalte hinaus geben.

Um diesen neuen Wortschatz korrekt zu erfassen, empfiehlt sich die Arbeit mit einem **thematischen Lernwortschatz** (z. B. *Thematischer Grund- und Aufbauwortschatz Englisch* oder *Words in Context* von Klett) oder mit einem **einsprachigen Wörterbuch** (z. B. *Advanced Learner's Dictionary* von Cambridge University Press/Klett).

Für einige Übungen ist ein Besuch im Internet hilfreich. Hier finden Sie neben den Übungen einen **Online-Link**. Geben Sie den gesamten Code in das Suchfeld auf ***www.klett.de*** ein und schon landen Sie bei einer Link-Sammlung, die Ihnen nützliche Webseiten präsentiert.

Viel Spaß und Erfolg beim Wortschatztraining!

Das Autorenteam

Wortschatz lernen, behalten und erweitern

Wie viel Training, wann, wo und wie?
Ein effektives Lernen setzt die Schaffung und Einhaltung bestimmter **Rahmenbedingungen** voraus. Sie sollten sich einen festen Arbeitsplatz einrichten und diesen so gestalten, dass Sie sich dort wohlfühlen. Legen Sie einen festen Zeitpunkt für Ihr Wortschatzlernen fest und halten Sie diesen ein. Natürlich gibt es auch Lerner, die lieber unterwegs lernen (z. B. während einer Fahrt in der U-Bahn). Probieren Sie aus, was Ihnen am besten liegt, aber legen Sie einen Rahmen fest!

Lernen und wiederholen Sie den Wortschatz kurz, in kleinen Portionen, aber oft! Für viele Lerner hat sich ein tägliches Wortschatztraining von 15 bis 30 Minuten mit 5 bis 10 Einheiten als effektiv erwiesen. Erfahrenere Lerner können auch größere Einheiten verarbeiten. Aus der Gedächtnisforschung ist bekannt, dass ca. sieben Wiederholungen im Regelfall zum vollständigen Behalten einer Wortschatzeinheit genügen. Nach Möglichkeit sollten diese Wiederholungen in immer größer werdenden Abständen durchgeführt werden.

Vor der Benutzung des *Wortschatztrainers Englisch* empfiehlt es sich, zweisprachige Wortschatzgleichungen (Wörter, Konstruktionen) zu sammeln - etwa unter Zuhilfenahme eines thematischen Lernwortschatzes oder anhand von „echten Texten" (Bücher, Zeitungen, Internet, Fernsehen, Filme und Radiobeiträge). Dabei sollten die Wörter und Konstruktionen mehrmals laut ausgesprochen und - je nach persönlichem Lernstil und Lernstand - auch geschrieben werden. Fortgeschrittene Lerner werden sich in der Regel die Schreibweise eines neuen Wortes auch merken können, ohne dies erneut schriftlich festzuhalten. Das Behalten des Wortschatzes kann durch verschiedene Mnemotechniken („Eselsbrücken") erleichtert werden:

- **Schlüsselwortmethode:** suchen Sie für das fremdsprachliche Wort zunächst ein phonetisch ähnliches Wort in der Muttersprache und verbinden Sie dann das Schlüsselwort mit dem zu erlernenden Wort in einem mentalen Bild; so kann man sich z. B., um das englische Wort *rope* zu behalten, eine Raupe vorstellen, die an einem Seil hochklettert.
- **Visualisierung und inneres Fühlen/Hören/Schmecken/Riechen/Ertasten:** den Inhalt einer Wortschatzeinheit zeichnen; besondere Eigenschaften einer Wortschatzeinheit durch Unterstreichung oder farbige Markierung hervorheben; die Wortschatzeinheit mit einem Gedankenbild verbinden; die Wortschatzeinheit gedanklich erfühlen (*it prickled my skin*).

- **Mimik und Gestik:** zu vielen Wortschatzeinheiten (z. B. *turn on the music*) lassen sich entsprechende Bewegungen durchführen;
mit anderen (z. B. *disgusting*) lässt sich ein bestimmter Gesichtsausdruck verbinden oder gar der ganze Körper einsetzen (z. B. bei *spin round*).
- **wörtliche Übersetzung:** durch wörtliche Übersetzung in die Muttersprache können Verfremdungseffekte erzielt werden, die zu höherer Behaltensleistung führen (z. B. *operating theatre* ► *operierendes Theater* statt *Operationssaal*).

Eine weitere Möglichkeit, die Lernportionen zu bearbeiten, stellt das **Karteikartenlernen** dar. Dabei fertigen Sie für jede Worteinheit eine Karteikarte an. Jede Karte sollte ein Wort und/oder eine oder mehrere zusammenhängende Strukturen enthalten. Wenn möglich, sollte auch ein Beispielsatz aufgeführt werden. Auf der Vorderseite der Karte findet sich der englische Eintrag, auf der Rückseite die deutsche Entsprechung. Beim Schreiben sollten Sie die englischen Texte mitlesen und -sprechen. Um die deutschen Entsprechungen aufzunehmen, sollten Sie diese bei der Übertragung stumm mitlesen.
Heutzutage ist auch der Einsatz von Vokabeltrainersoftware möglich, die das Karteikastenprinzip simuliert. Ein Vorteil liegt darin, dass der Vokabeltrainer die richtigen Zeitabstände zur Wortschatzwiederholung vorgibt und die Karten automatisch sortiert.

Wie unterstützt mich der *Wortschatztrainer Englisch* beim Lernen?
Der *Wortschatztrainer Englisch* liefert wertvolle Anregungen für die weitere Umwälzung des Wortschatzes und kann nach einer ersten Phase des Auswendiglernens des Zielwortschatzes eingesetzt werden. Neben der wichtigen Testfunktion („Habe ich die Wortschatzeinheiten behalten und kann sie richtig einsetzen?") bietet der Trainer vielfältige Möglichkeiten der tieferen Verankerung des Wortschatzes im Gedächtnis, die über ein reines Auswendiglernen weit hinausgehen und den Wortschatz in reale Kommunikation einbetten. So ist es z. B. für viele Wortschatzeinheiten sinnvoll, eine Verbindung mit der **eigenen Erfahrungswelt** herzustellen.

7.1 Erstellen Sie Top-10-Listen mit folgenden Punkten:
What I like to shop for …
What I would never buy …
What makes me happy when I go shopping …
What drives me crazy when I go shopping …

Sie können die Wortschatzeinheiten auch in eine typische **Alltagssituation** einbetten oder zu zusammenhängenden Wörtern einer Lerneinheit eine **Geschichte** oder einen **Dialog** erfinden.

12.7 Schreiben Sie einen stichwortartigen Bericht mit dem Titel *„A day in the life of a university student"*. Ist Ihnen der Schulalltag näher, dann beschreiben Sie doch diesen. Der Anfang könnte so aussehen:

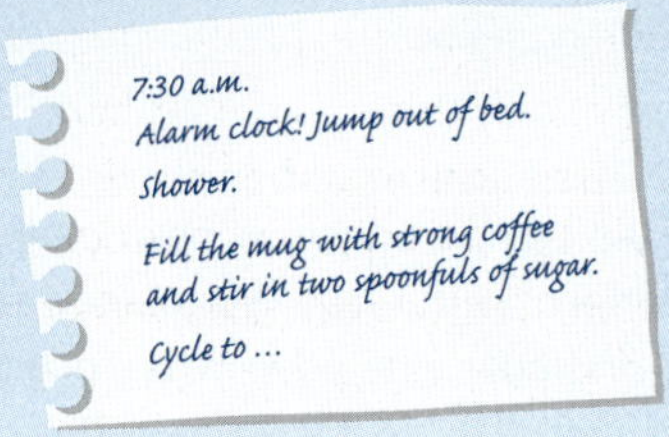

Ebenfalls hilfreich ist das **Bilden von Sätzen** mit einem neuen Wort. Dabei sollte ein thematischer Lernwortschatz oder ein einsprachiges Wörterbuch zu Hilfe genommen werden, um weitere Eigenschaften (Wortpartner und grammatische Eigenschaften) und weitere Kontexte des Wortes kennenzulernen.

Das vorliegende Übungsbuch macht den Versuch, den engen Zusammenhang von Wortschatzlernen und anderen kommunikativen Fertigkeiten aufzuzeigen. So bietet der *Wortschatztrainer Englisch* zum Beispiel **Aktivitäten zu authentischen Hör- und Lesetexten** an, die wiederum zum weiteren Ausbau des Wortschatzes beitragen. Zu den **produktiven Fertigkeiten des Sprechens und Schreibens** werden ebenfalls Übungsvorschläge gemacht; für diese kreativen Übungen können aus nahe liegenden Gründen nicht immer Musterlösungen angeboten werden. Häufig wird auch ein klarer Bezug zwischen Weltwissen (enzyklopädischem Wissen) und Wortschatz hergestellt. Einige Übungen liefern Zusatzinformationen zu grammatischen Eigenschaften des Wortschatzes, die wichtig für die korrekte Anwendung sind. Andere Übungen ermöglichen eine tiefere Durchdringung der Struktur des Wortschatzes, die ein selbständiges Weiterlernen ermöglichen soll.

INFO

Die Endsilbe *-itis* stammt aus dem Altgriechischen und dient der Bezeichnung von Entzündungen (*inflammation*).

Warum muss man Wortschatz „pauken"?

Da Sie dieses Buch in Händen halten, gehören Sie sicherlich zu den Fremdsprachenlernern oder -lehrern, die vom Wert der konsequenten Wortschatzarbeit auch oder gerade für fortgeschrittene Lerner intuitiv überzeugt sind.
Aber warum müssen wir überhaupt so hart und konsequent an der Festigung und Erweiterung unseres Wortschatzes arbeiten – beim kindlichen Spracherwerb werden ja auch keine Vokabeln „gepaukt"?
Die Antwort liegt auf der Hand, wenn man zum einen bedenkt, dass Kinder viel „übungsintensiver" ihre Muttersprache erwerben als ein Fremdsprachenlerner seine Fremdsprache. Bis zum Alter von 6 Jahren ist ein Kind der Muttersprache ca. 20.000 Stunden ausgesetzt. Der Fremdsprachenlerner kommt in 6 Jahren Unterricht vielleicht auf 800 Stunden. Zum anderen „pauken" auch Kinder in gewisser Weise Wortschatz: das Kind lernt von den Eltern oder in seiner Umgebung ständig neue, primär lexikalisch geprägte Konstruktionen (das heißt typische Wortverbindungen: z. B. *get into trouble*), die es durch Wiederholung festigt.

Mit dem unterrichtlichen Fremdsprachenlernen verhält es sich in der Regel völlig anders als mit dem natürlichen Erst- oder Zweitsprachenerwerb. Kann ein Grundwortschatz von geringem Umfang (500–1000 Wörter) noch allein durch beständige Umwälzung gefestigt werden, so sind für den weiteren Ausbau des Wortschatzes besondere, bewusste Anstrengungen notwendig. Selbst wenn man 30 Romane pro Jahr läse, betrüge der Wortschatzzuwachs durch auf unbewusst-zufällige Aufnahme vertrauendes Lernen nur ca. 1000 Wörter pro Jahr. Dies liegt daran, dass zum dauerhaften Behalten eines Wortes eine mehrfache Wiederholung nötig ist, Wörter oberhalb einer bestimmten Frequenzstufe aber zu selten in Texten auftauchen, um eine regelmäßige Wiederholung zu ermöglichen. Und welcher Lerner liest schon eine derartige Menge an Literatur? Aus dem gleichen Grund ist auch ein Auslandsaufenthalt nicht als Allheilmittel gegen die geringe Wortschatzkompetenz anzusehen. Der Aufenthalt wird in jedem Fall zu kurz ausfallen, um ohne entsprechende zusätzliche Maßnahmen genügend Wortschatz aus einer kleinen Auswahl von Alltagssituationen zu schöpfen. Die Erfahrung zeigt dementsprechend, dass jene Lerner, die ein Jahr oder mehr im Ausland verbringen, zwar weniger Sprechhemmungen und einen größeren Sprechwortschatz haben, aber im Regelfall keineswegs über einen wirklich differenzierten Wortschatz verfügen, insbesondere dann nicht, wenn sie nicht schon mit einem großen Wortschatz ins Ausland gegangen sind.

Was ist also zu tun, um einen Wortschatz jenseits der ersten 1.000 Wörter zu lernen? Und wie viel Wortschatz benötigt man überhaupt?

Ist es Ihr Ziel, einen Wortschatz ähnlich dem eines gebildeten englischen Muttersprachlers zu beherrschen, dann sollten Sie (je nach Zählart) rund 20.000 Wortfamilien (also z. B. *appear, disappear, appearance, disappearance*) aktiv beherrschen und rund 75.000 Wörter verstehen.

Vielleicht ist es aber ermutigender, am unteren Ende der Wortschatz-Skala zu beginnen. Forschungen haben ergeben, dass es im Englischen 2.000 Wörter gibt, die in so hoher Frequenz erscheinen, dass sie mehr als 80 % aller Texte im Englischen abdecken. Allerdings sollte man daraus nicht den Fehlschluss ziehen, dass man schon mit einem relativ geringen Wortschatz von 2.000–3.000 Wörtern 80 % eines Durchschnittstextes „verstehen" könne. Gemeint ist eben, dass mit einem solchen Wortschatzumfang 80 % der Wörter eines durchschnittlichen Textes bekannt sind. Da damit jedoch jedes fünfte Wort unbekannt bleibt, wäre es wohl vermessen, von einem wirklichen Textverständnis zu sprechen. Das Textverständnis hängt an den Wörtern, die nicht so häufig vorkommen.

Der Wortschatz, der in der Schullaufbahn erwartet wird, umfasst rund 3.000 Wörter (damit kann jedoch streng genommen das Niveau B2 des Gemeinsamen Europäischen Referenzrahmens nicht erreicht werden):

Muttersprachler	**C2** **C1**	ca. 150.000 Konstruktionen	ca. 20.000 Wörter (d. h. insgesamt ca. 35.000 Wörter)
Aufbauwortschatz	**B2** **B1**	ca. 50.000 Konstruktionen	ca. 13.500 Wörter
Grundwortschatz	**A2** **A1**	ca. 3.000 Konstruktionen	ca. 1.500 Wörter

Hat man sich ein annähernd muttersprachliches Wortschatzniveau als Ziel gesetzt, führt am bewussten und gezielten Wortschatzlernen also kein Weg vorbei. Zur Stützung der bewussten Wortschatzerweiterung benötigt man allerdings geeignete Selbstlernstrategien sowie ein zutreffendes Bild von der Struktur des Wortschatzes. Denn nur was man versteht, kann man auch sinnvoll lernen. Im Folgenden finden Sie demgemäß eine Einführung in Wortschatzstruktur und Methodik des Wortschatzerwerbs.

Was ist eigentlich Wortschatz?

Wortschatz macht uns die Welt gedanklich verfügbar. Dingen und Vorstellungen, für die wir keine Worte haben, schenken wir im Alltagsleben auch keine besondere Aufmerksamkeit. Unsere Nase, Augen, Hände, Füße sind uns wichtig; wir können sie bezeichnen. Der Raum zwischen Nase und Oberlippe etwa scheint uns weniger zu beschäftigen; er ist im Gehirn kaum repräsentiert und wir haben eben auch kein Wort für ihn.

Wenn von *Nase*, *Augen*, *Händen* und *Füßen* die Rede ist, oder eben auf Englisch von *nose*, *eyes*, *hands* und *feet*, könnte man zu dem Schluss gelangen, dass Fremdsprachenlernen nur darin besteht, bereits bekannten Objekten oder Handlungen neue Etiketten aufzukleben. So kann ich z. B. das Verb *look at* mit allen oben genannten Substantiven verbinden und erhalte korrektes Englisch (*look at your feet* / *nose* / ...). Solche konkreten Substantive lassen sich also häufig leicht lernen und in vielen Fällen richtig einsetzen. Allerdings gilt es bereits hier zweierlei zu beachten:

a) Auch im konkreten Bereich teilen verschiedene Sprachen die Wirklichkeit unterschiedlich auf. Man denke nur an die deutschen Begriffe *Straße* oder *Schere*, dem im Englischen *street* oder *road* bzw. *scissors* oder *shears* entsprechen.
b) Auch solche Konkreta unterscheiden sich in ihrem (kon-)textuellen Gebrauch. Sätze wie *"The cat is up the tree."* oder *"You can't see it with the naked eye."* oder Wortverbindungen wie *tighten a screw* lassen sich aus deutscher Sicht nicht vorhersagen und müssen mit den entsprechenden Konkreta gelernt werden.

Während also Sprecher ähnlicher Sprachen über ein relativ ähnliches Weltwissen verfügen, ist ihr Wortschatzwissen in vielerlei Hinsicht unterschiedlich strukturiert. Ein Brite und ein Deutscher haben ein relativ ähnliches Weltwissen darüber, was man sich unter einer Autobahn vorzustellen hat (Straße nur für Kraftfahrzeuge; mehrere Spuren in beide Richtungen; Ein- und Ausfahrten usw.). Sie teilen auch konnotatives Wissen (d. h. bestimmte Assoziationen) über diesen Wirklichkeitsbereich (auf Autobahnen gibt es Staus; es gibt Probleme mit Dränglern usw.). Nicht gemeinsam sind ihnen jedoch die typischen Verbindungen, die die Wörter *motorway* und *Autobahn* eingehen. Sagt der Deutsche typischerweise *auf die Autobahn (auf-)fahren*, so spricht der Brite häufig von *join the motorway*. Wo der Deutsche von *freier Strecke* (oder *Autobahn*) spricht, sagt man in Großbritannien *a clear motorway* (usw.). Wie solche natürlichen Formulierungseinheiten am besten zu erlernen sind, lesen Sie weiter unten.

Noch komplizierter werden die Verhältnisse, wenn man den Bereich der Konkreta verlässt. Das Abstraktum *Gemütlichkeit* z. B. – ein klassischer Fall von begrenzter Übersetzbarkeit – erlaubt es dem Sprecher des Deutschen, eine ganz bestimmte Situation oder Empfindung in all ihren Aspekten (Ruhe und Frieden, behagliche Atmosphäre, Geselligkeit ...) auf bequeme Weise zusammenzufassen. Hier macht sich der Deutsche eben einen Ausschnitt seiner Erfahrungswelt verfügbar, der z. B. für einen Amerikaner so nicht existiert. Zugleich kann er sich ironisierend dazu äußern (z. B. „in offiziellen Ansprachen darf auch die Gemütlichkeit nicht zu kurz kommen") und wird vom kompetenten Sprecher des Deutschen sofort richtig verstanden. Was nun typische komplexe Sachverhalte angeht, die man durch Wortverbindungen mit *Gemütlichkeit* bildet, so findet man z. B. *die Gemütlichkeit pflegen* (wozu in Deutschland auch das „gepflegte Pils" gehört), *Gemütlichkeit ist angesagt* oder ein *Hauch von Gemütlichkeit*. Solche Sachverhalte lassen sich kaum adäquat in eine Fremdsprache übertragen, und Sprachenlernen entpuppt sich hier als viel mehr als ein bloßer Etikettenwechsel.

Zwischen den beiden Extremen ähnlicher Konkreta und unübersetzbarer Abstrakta liegt ein weiter, kaum überschaubarer Bereich sprachspezifischen Wortgebrauchs. Um eine Bresche in dieses Dickicht schlagen zu können, benötigen Sie ein grundlegendes Verständnis zweier relativ klar unterscheidbarer Eigenschaften des Wortschatzes:

1. der grammatischen Kombinatorik (fachsprachlich „Valenz")
2. der Wortkombinatorik (fachsprachlich „Kollokativität").

Bei der grammatischen bzw. syntaktischen Kombinatorik geht es um den Satzbau bzw. die Konstruktionen, in denen ein Wort gebraucht werden kann. Hier am Beispiel des Verbs *to offer*.

The company offered her a position in human resources.

Das Verb *offer* verlangt hier zwei **Ergänzungen** (z. B. wie in diesem Fall ein indirektes und ein direktes Objekt), die in gegenseitiger Abhängigkeit mit dem Verb stehen, wobei die Ergänzung her nicht unbedingt notwendig, also **fakultativ** ist, während die Ergänzung *a position* (*in human resources*) **obligatorisch** ist. Würde man in dem Satz *a position in human resources* weglassen, würde er ungrammatisch (**The company offered her.*).

Neben den Ergänzungen gibt es auch **Angaben**. Diese stehen in einseitiger Abhängigkeit zum Verb. In dem Satz *A shortfall in the budget for highway construction has stopped the completion of several road projects this year.* hängt *this year* nicht von dem Verb *has stopped* ab.
Wörterbücher liefern Informationen zu Ergänzungen, nicht aber zu Angaben.

Die Zahl und Art der **Ergänzungen**, die ein Wort verlangt oder zulässt, ist durch den Sprachgebrauch festgelegt und unterscheidet sich auch bei relativ gleichbedeutenden Wörtern von Sprache zu Sprache. Bleiben wir beim Beispiel *offer*: Hier kann man im Deutschen sagen:

Ich bot ihr an, die Spülmaschine auszuräumen.

Das Verb bietet also die Konstruktionsmöglichkeit: N(Nominativ) + V + N(Dativ) + *to*-INF.

Nun könnte man als Deutscher auf die Idee kommen, diese Konstruktion im Englischen nachzubilden; das Ergebnis wäre ein
ungrammatischer Satz: **I offered her to empty the dishwasher.*
Richtig dagegen ist: *I offered to empty the dishwasher.* (evtl. *for her*).

Das englische Verb *offer* kommt also in folgenden Konstruktionen vor:

N + *offer* + N + N (z. B. *I offered her a position.)*
N + *offer* + *to*-INF *(I offered to do the dishes.)*

Eine Mischung der beiden Konstruktionen ist ausgeschlossen.

Zusammenfassend kann man also sagen, dass ein Wort verschiedene Leerstellen eröffnet, die mit einer bestimmten Art von Ergänzung (Substantive, Adjektive, Infinitivsätze usw.) gefüllt werden müssen. Über die Art der Ergänzungen, die mit einem Wort stehen können, die Verb-, Substantiv- und Adjektivkonstruktionen also (im Englischen spricht man von „*patterns*"), geben vor allem einsprachige Lernerwörterbücher Auskunft.

Die Wahl der Ergänzungen (die Füllung der Leerstellen) hängt jedoch nicht nur von den syntaktischen Eigenschaften des jeweiligen Wortes ab. Zu den Eigenschaften, die den Satzbau betreffen, kommen häufig Beschränkungen hinsichtlich der Bedeutungen der Wörter, die als Ergänzungen fungieren, hinzu. So lässt ein Wort wie *escape* in der Bedeutung *entweichen* nur Wörter als Subjektergänzung zu, die den lexikalischen Feldern *heat, gas, radiation* oder *liquid* entstammen:
It is unclear how the ***carbon dioxide escaped****.*

Wörter mit ähnlicher Bedeutung gehen häufig gleiche oder ähnliche Konstruktionen ein. Ist man sich dessen bewusst, kann man den Lernprozess häufig vereinfachen. Beispielsweise haben die folgenden Substantive, die eine Eigenschaft bzw. ein Merkmal bezeichnen, alle eine Konstruktion gemein:

appeal, aspect, element, flavour, pattern, side			
there is	**(ADJ +) N +**	***to +***	**N**
There might be	*an element of truth*	*to*	*it.*
There is	*this romantic side*	*to*	*it as well.*
There is	*not much flavour*	*to*	*the noodles.*

Mit der Einbeziehung der Wortbedeutung in die grammatische Kombinatorik sind wir an der (fließend zu verstehenden) Grenze zur Wortkombinatorik angelangt. Viele Wörter gesellen sich mit Vorliebe zu einer kleinen Auswahl ganz bestimmter Wortpartner (englisch „*word partners*“; fachsprachlich „Kollokatoren“); die so gebildeten Wortkombinationen oder „Kollokationen“ (Wort A + Wort B [+ Wort n], z. B. *run a company oder give/make a speech*) unterscheiden sich wiederum häufig von Sprache zu Sprache, wie die folgende Tabelle veranschaulicht:

Englische Wortpartner	Deutsche Wortpartner
to pay a visit	*einen Besuch abstatten*
a great age	*ein hohes Alter*
wide powers	*umfangreiche Kompetenzen (oder ausgedehnte Machtbefugnisse, oder weitgehende Kompetenzen)*
sorely tempted	*stark in Versuchung*
to depend heavily on	*stark abhängen von*
to lag badly behind	*stark hinterhinken*
a pack of wolves	*ein Rudel Wölfe*
it happened somewhere between 100,000 and 200,000 years ago	*es ereignete sich vor etwa 100.000 bis 200.000 Jahren*
It is often said that … *The case is different with …*	*Oft wird behauptet, dass …* *Anders verhält es sich mit …*

Wie bei der grammatischen Kombinatorik lässt sich außerdem eine gewisse Bedeutungsabhängigkeit feststellen. Wörter mit ähnlicher Bedeutung bilden häufig ähnliche Kollokationen, wie die folgenden Beispiele zeigen:

speech / talk / presentation + give
company / organisation / the country / a workshop + run
affinity / analogy / approximation / resemblance / parallel / similarity + close

Zusammenfassend lässt sich also sagen, dass in der Kombinatorik eine auf den ersten Blick verblüffende Regelmäßigkeit und Systematik herrscht, die Sie sich auch durch den häufigen Gebrauch von Kollokationswörterbüchern und Valenzwörterbüchern erschließen können. Gelegentlich jedoch sind Kollokationen auch „einzigartig", z. B.:

conscience + easy *rumour + scurrilous*

Aus der oben vorgenommenen Reihung (zuerst das Substantiv, dann das Verb oder Adjektiv) ist ersichtlich, dass Kollokationen in erster Linie bei der Sprachproduktion problematisch sind: Man fragt sich z. B., mit welchem Verb man das Substantiv *company* gebrauchen kann und findet *run*. Bei der Sprachrezeption, d. h. beim Hören oder Lesen eines Satzes wie *"He gave an interesting speech."*, bleibt die darin enthaltene Kollokation häufig unbemerkt.
Legen Sie also unbedingt beim Hören oder Lesen englischer Texte immer wieder Ihr Augenmerk auf Kollokationen und vergleichen Sie diese mit den entsprechenden Formulierungen in Ihrer Muttersprache. Betreiben Sie also eine Art mentale Übersetzung! Dabei kann es hilfreich sein, sich zunächst einmal die häufigsten Typen von Kollokationen, wie in der folgenden Tabelle gelistet, bewusst zu machen:

Kollokationstyp	**Beispiele**
N + Attribut (adjektivisch, präpositional, infinitivisch)	*bad pain,* *blanket of fog,* *chain of shops,* *shift in public opinion,* *congratulations are in order*
N + Gen. subiectivus (*interest* ist Subjekt von *resurgence*: wer oder was tritt wieder auf?)	*a resurgence of interest*

N + Gen. obiectivus (*control* ist Objekt von *loss*: wen oder was verliert man?)	*loss of control, the insertion of an intra-uterine device, fear of the unknown*
V + Adv	*to offend deeply, to fail abysmally, to vote the other way*
Adv + Adj	*madly in love, seriously injured, widely different*
Adv + Adv	*well behind, long after, back in order*
V + INF	*try to avoid, look to see, seek to establish*
N(Subjekt) + V	*thunder roars, lightning flashes*
V + N(Objekt)	*to spread gossip, to give a concert*
ADJ + Präp. + N	*white with fear, numb with cold*
V + PP	*to flush with shame, to hide behind the curtain, to squirm with/in impatience*
V + Attribut (Prädikatsnomen / Objektattribut)	*to fall ill, to fall in love, to keep sth warm, to get sth in order*
Adj + Inf	*easy to use, keen to fit in, ready to compromise*
N V Adj + verschiedene Typen von Elementen Adv Partikel	*men of a certain age, subject to revision, to leave something to be desired, a great big smile, at first blush … on inspection, not wildly original*

Wie man der Tabelle entnehmen kann, beschränkt sich das Spektrum der Kollokationen nicht nur auf Zweierkombinationen (auch wenn diese zahlenmäßig dominieren). Man stößt auch häufig auf typische Dreierkombinationen wie *not wildly original* oder *men of a certain age*.
Außerdem kann man natürlich aus vorhandenen zweigliedrigen Kollokationen selbst Dreierverbindungen bilden, etwa anhand eines Schemas wie des folgenden:

<table>
<tr><th>verbs</th><th>adjectives</th><th>noun</th><th></th></tr>
<tr><td>give</td><td>good</td><td rowspan="5">example</td><td rowspan="2">The author provides an apt example.</td></tr>
<tr><td>provide</td><td>pertinent</td></tr>
<tr><td>cite</td><td>apt</td><td>The author cites a pertinent example of …</td></tr>
<tr><td>use</td><td>well-chosen</td><td rowspan="2">The author uses well-chosen examples …</td></tr>
<tr><td>adduce</td><td>fine</td></tr>
</table>

Anhand dieses Schemas lassen sich 25 korrekte Dreierverbindungen bilden, die zur Beschreibung der Beispielgebung eines Autors verwendet werden können.

Wörter haben noch weitere Gebrauchseigenschaften, die das Interesse fortgeschrittener Fremdsprachenlerner verdienen, obwohl sie in Wörterbüchern oder Grammatiken bisher nicht abgebildet werden. So treten bestimmte Wörter wie z. B. *reason* bevorzugt in negierten Aussagen auf:

Really I see ***no*** *reason why …*
That's ***not*** *the reason why …*

In ähnlicher Weise bevorzugen manche Wörter bestimmte syntaktische und textuelle Umgebungen. So kommt das Substantiv *consequence* im Singular im Gegensatz zu *preference* oder *question* eher als Subjekt vor (*"The consequence of such policies will be higher taxes."*). Der Plural *consequences* dagegen erscheint gewöhnlich in Objektposition (*"Climate change would have disastrous consequences for farmers."*). Ein Ausdruck wie *erschwerend kommt hinzu, dass* (engl. z. B. *a further difficulty/complication is that*) kommt bevorzugt in Wissenschaftstexten vor und wird zur Einführung eines zweiten Kritikpunktes oder eines zweiten Problems verwendet.

Es zeigt sich also, dass man nur über eine sehr eingeschränkte Freiheit im Gebrauch des Wortschatzes verfügt. Wenn Sie in der Fremdsprache ein hohes Maß an Verständlichkeit erreichen möchten, ist es unabdinglich, nicht allzu weit von den schmalen kollokativen Pfaden abzuweichen, die die muttersprachlichen Sprecher vorgezeichnet haben. Diese Pfade werden sowohl durch die Außenwelt, d. h. den herrschenden Zeitgeist, als auch durch die Innenwelt der Wörter (z. B. durch Bedeutungskategorien) geprägt.

Dabei ist für Sie als Lerner wahrscheinlich die Henne-Ei-Frage, ob sich die Bedeutung eines Wortes aus seiner Kombinatorik oder umgekehrt die Kombinatorik eines Wortes aus der Bedeutung ergibt, unerheblich. Fest steht jedoch, dass sich die Bedeutung eines Wortes nur aus der Kenntnis seiner Kombinatorik vollständig erschließen lässt und man daher Wörter nur in Konstruktionen oder besser: **ausschließlich Konstruktionen lernt**. Daher besteht ein großer Teil des Vokabellernens darin, aus authentischen Quellen Informationen zu typischen Konstruktionen herauszufiltern.

Wie lerne ich Wortschatz selbständig?

Wenn man verinnerlicht hat, wie Wortschatz funktioniert, kann man ihn viel effektiver lernen. Dazu haben Sie sicherlich schon einige Methoden und Strategien für sich entdeckt. Vielleicht arbeiten Sie mit einem **Karteikartensystem**, oder Sie organisieren neuen Wortschatz zu **Wort-Netzen** und gruppieren **Wortfamilien** zu einprägsamen Illustrationen. Vielleicht erstellen Sie auch Listen und Tabellen, die **Kollokationen** wie in einem **Sprachbaukasten** in ihren Kombinationsmöglichkeiten darstellen. Wie Sie Ihr Wortschatztraining auch anlegen, ein lebendig wachsendes Vokabular wird größtenteils aus dem Umgang mit authentischen Hör- und Lesetexten entstehen. Dazu finden Sie im Folgenden verschiedene Strategien, die sich natürlich nach eigenem Interesse und entsprechend der eigenen Lernvorlieben kombinieren lassen.

Strategie 1: Authentische Hör- und Lesetexte

Das Memorieren von Wortschatz allein ist für den systematischen Wortschatzerwerb nicht ausreichend. Wichtig ist die aktive Auseinandersetzung mit dem Gelernten. Wenn Sie also Wortschatz zu einem bestimmten Thema erarbeiten möchten, sollten Sie sinnvolle Bezüge zwischen dem Auswendiglernen von Wortschatzeinheiten und dem kontextuellen Lernen aus Hör- oder Lesetexten herstellen. Wenn Sie sich z. B. gerade mit Wortschatz zum Thema „Ernährung“ befassen, bietet es sich an, einschlägige **Radio- oder Fernsehprogramme** anzuhören oder sich Kochtipps oder Rezepte im Internet anzuschauen.

Online-Link
519534-0000

Auf einem fortgeschrittenen Niveau sind praktisch das gesamte Fernseh- und Radioprogramm sowie verschiedenste Lesetexte als sprachlernförderlich anzusehen. Schauen Sie sich die einschlägigen Webseiten an (z. B. ***www.bbc.co.uk***, ***www.abcnews.go.com*** usw.) und wählen Sie Sendungen aus, die Sie für relevant halten und die Ihre aktuelle Verstehensleistung nicht zu stark übersteigen:

- Besonders geeignet sind **Serien**, die eine feste Welt mit immer wiederkehrenden Personen zeigen (z. B. *EastEnders, Emmerdale (Farm), Coronation Street, Friends*). Achten Sie dabei allerdings auf das Sprachniveau bzw. Register; nicht alles, was z. B. in *EastEnders* gesagt wird, eignet sich für die Nachahmung durch einen Nichtmuttersprachler, der sich vielleicht am ehesten an einem mittleren sozialen Niveau orientieren sollte.
- **Spielshows** sind für die Wortschatzarbeit besonders interessant, weil sie häufig den Wortschatz in bestimmten Feldern darbieten und einem festen Ritual folgen (z. B. *Who wants to be a millionaire?*).
- **Dokumentarische Sendungen** sind ebenfalls häufig themenspezifisch und besonders für die Förderung jener Wortschatzausschnitte (z. B. Verhalten von Tieren, Raumfahrt, kindliche Entwicklung usw.) geeignet, zu denen man als Fremdsprachenlerner normalerweise keinen Zugang hat, die aber der muttersprachliche Lerner in der Schule erwirbt. Dabei sind sie leicht verständlich, weil man das eigene schulische „Weltwissen" aus der Muttersprache zum Einsatz bringen kann.
- Gleiches gilt für **Nachrichtensendungen**, bei denen man mit internationalen Nachrichten beginnen sollte, deren Inhalt man vielleicht schon auf Deutsch kennt.

Beim Hör- (Radio) oder Hör-/Sehverstehen (Filme, Fernsehen) kann es besonders nutzbringend sein, den gleichen Text mehrere Male zu hören. Nachdem man ein Gesamtverständnis erlangt hat, kann man sich spezifische Konstruktionen (Kollokationen und Valenzstrukturen) notieren. Nutzen Sie dabei Ihren **Computer** oder **Fernseher** wie ein kleines Sprachlabor: Sie können das Abspielen des Textes (nach Aufzeichnung desselben) Ihrem individuellem Lerntempo anpassen; Sie können **Untertitel** einschalten oder **Transkripte** lesen (zu vielen BBC-Radio-Sendungen, z. B. *Any questions?*, werden herunterladbare Transkripte angeboten). Sie können (und sollten) beim Betrachten von Serien Sätze laut nachsprechen, um Ihre Intonation und Aussprache zu verbessern.

Strategie 2: Dokumentation des Wortschatzes in schriftlicher Form

Nach dem Betrachten einer Serie können Sie den neuen Wortschatz in ein **Wortschatzheft**, ein **elektronisches Wörterbuch** oder einen **elektronischen Vokabeltrainer** eintragen, um ihn wiederholbar zu machen. Auch hier bietet sich eine Anordnung nach Themengebieten und Situationstypen an. Dazu lassen sich auch Wortnetze oder -bilder erstellen. Als Wortschatzheft eignet sich am besten ein **Ringbuch**, das jederzeit um zusätzliches Material an geeigneter Stelle ergänzt werden kann.

Strategie 3: Notiztechniken beim Lesen von Büchern

Beim Lesen bietet sich ein ähnliches Vorgehen an. Neue, nützliche Wortschatzeinheiten kann man z. B. mit einem senkrechten Bleistiftstrich am Seitenrand versehen oder mit einem Textmarker farblich markieren; neue Konstruktionen bereits bekannten Wortschatzes mit einem waagerechten Strich versehen oder in einer anderen Farbe markieren. Nach Beendigung der Lektüre kann man die angestrichenen Einheiten in den oben genannten Hilfsmitteln notieren. Wer elektronische Lesegeräte dem traditionellen Buch vorzieht, findet dort natürlich noch effizientere Möglichkeiten der Speicherung neuen Wortschatzes.

Strategie 4: Notiztechniken beim Lesen von Online-Dokumenten

Ähnliches gilt für die Nutzung von **elektronischen Wörterbüchern** beim Lesen von Online-Dokumenten. Lässt man den Cursor über ein Wort gleiten, so erscheint ein Pop-Up-Fenster mit dem entsprechenden Wörterbuchartikel, der sich wiederum bequem durch Ausschneiden und Einfügen (*copy and paste*) in das eigene Wörterbuch oder Wortschatzlernheft kopieren lässt.

Strategie 5: Auswahl des Lesematerials

Bei der Auswahl des Lesematerials sollte man auf die Vielfalt, aber auch die Authentizität und Natürlichkeit achten. Neben einer thematischen Auswahl empfiehlt sich auch die Lektüre moderner Populärliteratur. Auch hier gilt es wie beim Betrachten von Soaps und Filmen auf das Sprachniveau zu achten.

Strategie 6: Wortschatz wiederholen

Die Wiederholung des neuen Wortschatzes sollte regelmäßig in immer größer werdenden Abständen stattfinden; in Vokabeltrainern sind angemessene Lernabstände bereits vorprogrammiert. Es ist besonders wichtig, den Wortschatz frühzeitig (spätestens einen Tag nach dem ersten Lernen) noch einmal zu wiederholen. Genauere wissenschaftliche Erkenntnisse zu der Frage, ob in authentischen Texten gehörte oder gelesene und dann notierte und wiederholte Wortschatzeinheiten bei der Sprachproduktion auch tatsächlich zur Verfügung stehen, liegen noch nicht vor. Wir wissen jedoch, dass Wortschatz am besten gelernt wird, wenn er z. B. in Schreibaufgaben aktiv eingesetzt wird. Daher sollten die neu gelernten Einheiten natürlich auch so häufig wie möglich in authentischen Produktionsaufgaben verwendet werden. Im thematischen Wortschatztraining finden Sie zahlreiche Beispiele dafür.

Ein Beispiel für die Arbeit mit Wortschatz aus authentischen Texten:
Anhand eines Beispiels soll nun demonstriert werden, wie man Wortschatz aus Texten entnehmen kann, wie dieser im Wortschatzheft oder in einer elektronischen Lernhilfe für fortgeschrittene Lerner festgehalten werden sollte und wie der neu gelernte Wortschatz in einer authentischen Aufgabe produktiv verwendet werden kann.
Ein Politiker beantwortet in einem Interview eine Frage zur Ermordung eines entführten Soldaten. Wichtige Einzelwörter und Konstruktionen, die für das Thema relevant sind, sind hervorgehoben – Einzelwörter durch doppelte Unterstreichung; Konstruktionen durch einfache.

INTERVIEWER
Could the government have taken further steps to secure the release of Private Mark Ryan?

MINISTER
I really do not have the answer to that. I take the view, as have all my colleagues, that an outright confrontation with the people who held Marc hostage would have led to disaster. I have no doubt that the intelligence services did a good job. And clearly efforts were made to negotiate with the rebels. But the sad fact is that you can never prevent people being evil if they are determined to be evil. And I think at this difficult time we have to remember that the family of the dead soldier are literally grieving, having been led to believe in the last day or so that there might be a way out – nobody would ever want to go through that experience. I'm positive that the government will have done their utmost to make sure Marc is safe but at the end of the day you can't negotiate with barbarians in a modern civilised world.

Als Lerner könnten Sie nun z. B. folgendermaßen vorgehen:

1. Notieren Sie nun die Konstruktionen so, dass Sie die Strukturen erfassen und den Wortschatz lernen können:

   Zum Beispiel:
   answer ▶ answer to (a question)
   doubt ▶ have no doubt that
   view ▶ sb takes the view that
   prevent ▶ prevent sb doing sth
   reason ▶ have no reason to believe sth / that
   determined ▶ determined to be (evil)
   experience ▶ go through an experience
   negotiate ▶ negotiate with sb

Evtl. können Sie Übersetzungen hinzufügen, z. B.
prevent sb doing sth *jmdn davon abhalten, etw. zu tun / jmdn daran hindern, etw. zu tun*

2. Um in sinnvollen Zusammenhängen zu lernen, könnten Sie auch ein thematisch geordnetes Wortschatzheft anlegen. Die unterstrichenen Wortschatzeinheiten könnten z. B. folgendermaßen notiert werden:

Das Substantiv *hostage* (= *Geisel*) würde zum Beispiel gut in ein Kapitel „Staat, Recht, Politik" passen:

Englisch	Übersetzung	Konstruktionen	Beispiele
hostage	Geisel	sb holds sb hostage	*… the people who held Ken hostage …*

Das Verb *grieve* (= *trauern, sich grämen*) könnte folgendermaßen in ein Kapitel zum Thema „Tod, Sterben" eingefügt werden:

Englisch	Übersetzung	Konstruktionen	Beispiele
to grieve	trauern, sich grämen	grieve for sb grieve over sb it grieves me to + INF	*The family are literally grieving as we gather here.* *She's still grieving for her husband.* *It grieves me to see this country losing all it used to stand for.*

Weitere Beispiele natürlichen Sprachgebrauchs kann man durch Eingabe einer bestimmten Konstruktion in eine Suchmaschine finden. Dabei muss die Konstruktion in Anführungszeichen gesetzt werden, z. B. *"it grieves me to"*.

Der Ausdruck *at the end of the day* (= *letzten Endes, unter dem Strich*) könnte in ein Kapitel „Raum, Zeit" eingefügt werden. Dabei sollte unbedingt ein Wörterbuch zu Hilfe genommen werden, denn der obige Gebrauch der Wendung ist eher untypisch und nicht ganz klar.

Englisch	Übersetzung	Beispiele
at the end of the day	letzten Endes	*Of course, I'll listen to what she has to say, but at the end of the day it's my decision.* (Cambridge Advanced Learner's Dictionary)

Strategie 7: *"The same thing twice"*

Es hat sich als besonders nützlich erwiesen, die gleiche Aktivität mehrfach durchzuführen. So sollten Sie, wenn Sie eine Vokabelsammlung zu einem Thema angelegt haben, diese gleich in einem sinnvollen Text einsetzen, z. B. eine Landschaftsbeschreibung geben oder verschiedene Handlungen nacheinander aufzählen (z. B. *I get up at …, go to the bathroom, brush my teeth, …*).

Strategie 8: Wortschatzlernen und Schreiben verbinden
Bevor Sie einen schriftlichen Text anfertigen, sollten Sie themenspezifischen Wortschatz aus Ihrem Wortschatzheft auswählen. Unter Umständen ist es sinnvoll, zusätzlich mit Hilfe eines einsprachigen Wörterbuchs weitere zentrale Kollokationen zu sammeln. Dazu suchen Sie zunächst zu den zentralen Nomina des Themengebietes passende Adjektive und Verben; in einem zweiten Schritt sollten Sie dann Adverbien suchen, die zu den Verben passen.

Strategie 9: Den Alltag für das Fremdsprachenlernen nutzen
Achten Sie im Alltag auf Dinge, die Sie noch nicht auf Englisch ausdrücken können. Beispielsweise könnten Sie einen Einkaufszettel auf Englisch erstellen, die Speisekarte im Restaurant übersetzen oder sich bei einer Busfahrt fragen, was *Straßenschild*, *der Verkehr stockt* oder *links abbiegen* auf Englisch heißt.

Strategie 10: Sich Wortbildungsregeln verdeutlichen und Wortfamilien bilden
Ein großer Teil des Wortschatzes, dem Sie in Hör- und Lesetexten begegnen, besteht aus Wörtern, die mit Ihnen bereits bekannten Wörtern verwandt sind. Im Englischen gibt es nämlich eine Reihe von Vor- und Nachsilben, die zur Bildung neuer Wörter verwendet werden. So dient z. B. die Nachsilbe *-ness* der Bildung von Nomina (z. B. *still* ▸ *stillness*) oder die Vorsilben *en-/em-* der Bildung von Verben (*bitter* ▸ *embitter*). Wenn Sie ein Wort einer Wortfamilie kennengelernt haben, sollten Sie aktiv andere Mitglieder suchen (z. B. *appear* ▸ *appearance* ▸ *disappear* ▸ *disappearance*). Wortschatz lässt sich auch im Wortschatzheft zum Teil nach Wortfamilien ordnen.

Strategie 11: Andere Sprachen nutzen
Das heutige Englisch enthält zahlreiche Wörter, die mit Wörtern in anderen Sprachen verwandt sind. Wenn Sie auch Französisch, Lateinisch oder Griechisch können, erleichtert sich die Lernaufgabe um ein Vielfaches. Wer z. B. lat. *fames* oder frz. *faim* (Hunger) kennt, kann sich *famine* (Hungersnot) leichter merken.

Strategie 12: Überlegen Sie sich alternative Formulierungen
Um sich weitere Zugriffsmöglichkeiten auf bereits gespeicherte Formulierungen zu schaffen, sollte man sich insbesondere als fortgeschrittener Lerner möglichst viele Alternativformulierungen für das jeweils Gemeinte überlegen. Wer also *be quiet* kennt, könnte als Alternativformulierung *don't make so much noise* oder das rüdere *shut up* lernen. Im Wortschatzheft kann man sich so auch seinen privaten Thesaurus anlegen.

I
Der Mensch

1 Personalien

1.1 Füllen Sie bitte das folgende Formular aus. Beachten Sie dabei die Anweisungen.

- *Please use block capitals.*
- *Please use a ballpoint pen.*
- *Please tick the appropriate box where required.*

First name ______________________

Surname ______________________

Maiden name ______________________

Address ______________________

Tel. ______________ ☐ daytime
______________ ☐ evening
______________ ☐ home
______________ ☐ work

Occupation/profession ______________________

Nationality ______________________

Age ______________________

Date of birth ______________________

Place of birth ______________________

Marital status ☐ single
☐ married
☐ divorced
☐ widowed

Signature ______________________

1.2 Beantworten Sie folgende Fragen.

a) Which countries border Poland?

__________, __________, __________,
__________, __________, __________,
____

b) Which countries would you pass through if you travelled from Budapest to Madrid by the shortest possible land route?

__________, __________, __________,
__________, __________

c) Which countries would you pass through if you travelled from Athens to Copenhagen by the shortest possible land route?

__________, __________, __________,
__________, __________, __________,
____

d) Translate the following nationality nouns – don't forget the articles:
ein Finne, ein Neuseeländer, eine Spanierin, drei Schweden, eine Gruppe Türken, die Dänen

__________, __________, __________,
__________, __________, __________

INFO

Oft sind das Adjektiv zu einer Nationalität und das dazugehörige Substantiv identisch. Dies gilt für alle Nationalitäten, die auf -an oder -i enden *(Belgian* ▶ *a Belgian* oder *Israeli* ▶ *an Israeli).*
Aber es gibt auch einige Ausnahmen.

2 Der Mensch und sein Körper

2.1 **Gruppieren Sie folgende Worte nach ihrer Zugehörigkeit zum jeweiligen Sinn und fügen Sie nach Belieben weitere Wörter hinzu, die Ihnen einfallen.**

glance • scent • near-sighted • aromatic • stare • deafness • salty • stinking • smooth • quiet • see • pat

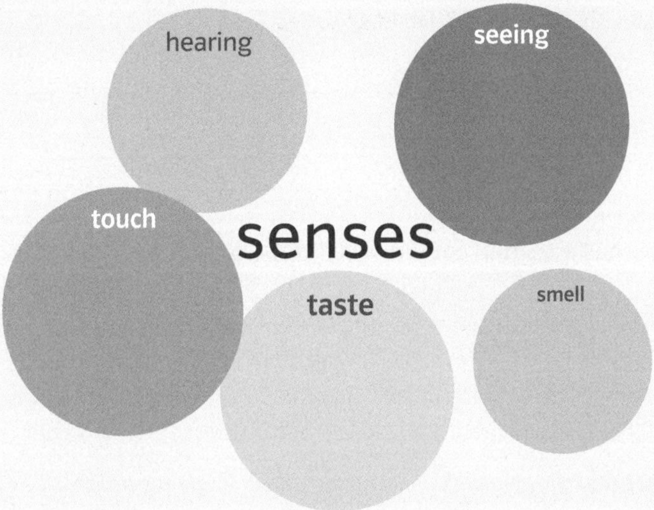

2.2 **Beschreiben Sie die Personen auf den Abbildungen.**

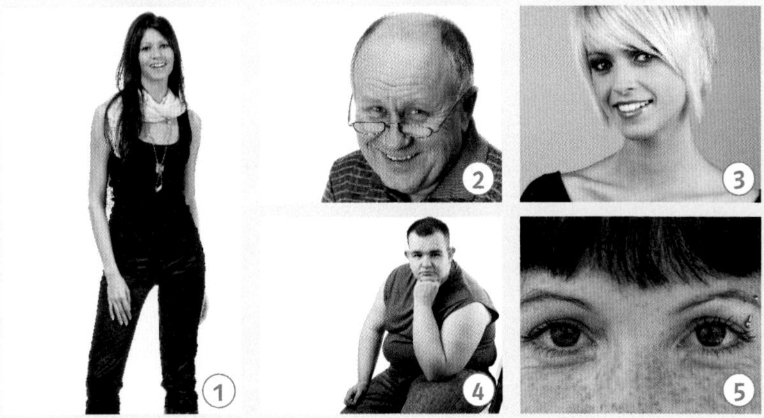

2.3 Setzen Sie das passende Wort ein. Versuchen Sie zunächst, die Lücken ohne Hinzunahme der Wortvorgaben zu füllen.

artificial • *at* • *by* • *dead* • *deeply* • *fell* • *get* • *go on* • *had* • *in* • *in* • *in(to)* • *keep* • *on* • *smooth* • *well*

1. I've been awake for twenty-four hours. I need to go home and ______ some sleep.
2. I'm ______ tired. I must go to bed.
3. Mr. Smith is urged to breathe ______ as the anesthesiologist places a mask over his face.
4. Shake ______ for 15 seconds and pour contents into a tall glass.
5. His opponent seized him ______ the throat.
6. In such wet conditions it was difficult for the players to ______ their balance.
7. The dough will become as ______ as a baby's skin.
8. Although the ship is huge, it is so designed that you can see ______ a glance where you are.
9. He is said to be completely blind ______ his left eye, and deaf ______ his left ear.
10. As the vehicles came ______ sight, the crowd ______ silent.
11. She ______ her first baby at the age of thirteen.
12. Intelligent ______ limb: carbon-fibre knee with computer chip controls.
13. Young teenagers who ______ a diet often don't stay ______ it very long.

2.4 Welche Substantivgruppe passt zu welchem Adjektiv?

rough	cheek, chin, flesh, shape
curly	face, lad, man, salary, villa
attractive	appearance, blonde, colour, girl, man, personality
beautiful	cotton, rock, sea, skin, wool
handsome	moustache, tail, hair
smooth	beach, bride, baby, scent, singing

2.5 Übersetzen Sie die folgenden Sätze ins Englische.

1. Er hatte eine gesunde Farbe im Gesicht.
2. Vanessa Mae hat ein hübsches Gesicht und kommt aus einem kultivierten Elternhaus.
3. Er hat einen dicken Hals und einen breiten Rücken.
4. Sie kaute an einem Kaugummi herum.
5. Sie saugte das Blut aus der Wunde.
6. Er knallte ihr die Tür vor der Nase zu. *(in her face)*
7. Ich zitterte vor Aufregung.
8. Ich hatte sie auf dem Friedhof gesehen.
9. Er ist im Alter von 86 Jahren in London gestorben.
10. Sie wäre bei ihrer Geburt fast erstickt (*an Erstickung* [asphyxiation] *gestorben*).

2.6 Geben Sie spontan eine einfache Beschreibung der Funktion der folgenden Körperteile.

heart* • *liver* • *kidneys* • *lungs* • *intestines* • *arteries

2.7 Nehmen Sie zwei Bilder Ihres Vaters, Ihrer Mutter oder eines Freundes, die die Person in unterschiedlichem Alter zeigen.

Beschreiben Sie die Veränderung, die Sie im Bild erkennen.

2.8 Einige Wörter haben im Singular und Plural unterschiedliche Bedeutungen. Schreiben Sie für die folgenden Wörter Beispielsätze auf, die diesen Unterschied verdeutlichen.

brain ______________________________
brains ______________________________

gut ______________________________
guts ______________________________

look ______________________________
looks ______________________________

spirit ______________________________
spirits ______________________________

2.9 Verwenden Sie den folgenden Text von Iris Murdoch als Vorlage anhand derer Sie das Portrait eines Klassenkamerads oder eines Familienmitglieds entwerfen. Können Sie die beschriebene Person auch zeichnen?

Marcus was at that time, or certainly seemed to his stunned[1] admirers to be, extremely good-looking. He was as tall as Jack, just over six feet, and looked as young, with plenty of longish, curly reddish-blond hair. He had a long pale face with a clear, almost feminine complexion[2], and when his long locks fell about and looked like a wig[3] Jack said that he resembled some eighteenth-century beau or famous scholar in a contemporary portrait. Ludens preferred to compare him to a Renaissance prince.

He was certainly dignified[4]. He was at that time something of a dandy, wore high collars and cravats and well-cut expensive clothes, and an unobtrusively[5] smart green overall for painting. He had large long grey eyes which could express some almost supernatural degree of attention. Sometimes these eyes were cold or gleamed dangerously, sometimes they just stared. They could compel[6] people to run from the room. He was credited with hypnotic powers. He had a thin, faintly aquiline, nose. His mouth in repose[7] was shapely and pensive[8], longish, the lips perfect […]

(from *Message to the Planet* by Iris Murdoch, published by Chatto & Windus. Reprinted by permission of the Random House Group Ltd.)

[1]***stunned*** *sprachlos* | [2]***complexion*** *Gesichtsfarbe* | [3]***wig*** *Perücke* | [4]***dignified*** *würdevoll* | [5]***unobtrusively*** *unaufdringlich* | [6]***compel*** *zwingen; nötigen* | [7]***in repose*** *in Ruhe* | [8]***pensive*** *nachdenklich*

INFO

Texte können häufig als „Steinbrüche" für weiteres Wortschatzlernen verwendet werden. So finden Sie in Romantexten oft Personenbeschreibungen, mit deren Hilfe Sie Ihren Wortschatz erweitern können.

2.10 Eine weitere gute Quelle für Personenbeschreibungen sind Partneranzeigen. Hier ein Beispiel: Unterstreichen Sie alle Wörter, die mit Aussehen und Körper bzw. Psyche und Verhalten zu tun haben. Schreiben Sie dann ein Annonce für sich und Ihren idealen Partner.

Online-Link 519534-0001

http://dating.guardian.co.uk

Why should you get to know *hideaway girl*?

I've been described as quirky and kooky. I'm not sure whether there's much difference between those two terms; I'm not a bookish person and I'm too lazy to look up words in a dictionary. Sometimes I have ideas that are a bit off the wall, but I'm not a complete nutcase. I'm very feminine and I love trendy clothes and full make-up and sometimes I have my hair dyed red or green.

I'm very enterprising and I love travelling to new places (I've visited some awesome places in France, Portugal and Brazil), meeting new people and having new experiences. In fact I like everything that's new as long as it's not unpleasant. I'm the sort of girl who'll try anything once as long as there aren't too many risks involved. I don't care much for booze and I absolutely loathe drugs.

I love French films and alternative rock, and I enjoy dancing too. Sometimes I dance all night. I'm not going to list the names of all my favourite clubs but the Hideaway on Junction Road is definitely number one!

She describes her ideal match thus:
I think it's about time I got down to the real nitty-gritty. I'll have to try and describe the sort of guy I'd like to meet. I like visually pleasing young or older guys (preferably Latin lovers) who have a sense of humour, a laid-back attitude to life and some romantic yearnings. I'd like to marry a guy who's more intelligent than I am, since I enjoy learning new things. That's all. I've run out of ideas so I'll just stop here, hope for the best and prepare for the worst.

3.1 Woran leiden Sie wahrscheinlich in folgenden Situationen?

rubella • *anorexia* • *hay fever* • *a cold* • *upset stomach* • *pneumonia* • *measles* • *mumps*

1. You've stayed out too long in the rain. ____________________
2. You keep sneezing, especially in the spring. ____________________
3. You refuse to eat and lose a lot of weight. ____________________
4. You have a fever and painful swellings in your neck. ____________________
5. You have eaten too much. ____________________
6. You cough, have difficulty breathing and suffer from chest pain.

   ____
7. You have a slight fever and many red spots in your face. ____________________

3.2 Übersetzen Sie die folgenden Sätze ins Englische.

1. Das liegt meist an der schlechten Ernährung der Mutter.
2. Sein Gesundheitszustand hat sich enorm verbessert.
3. Er fing an, Limonaden zu trinken, wodurch er ein Magengeschwür bekam.
4. Der Fuß, den ich mir letzte Woche geprellt habe, tut wieder weh.
5. Woher hast du die Beule an deiner Stirn?
6. Er riss sich die Sehne in der Kniescheibe *(knee-cap)* und war vom Fußknöchel bis zur Taille für drei Monate eingegipst (= im Gips).
7. Die Erinnerung an das Trauma versetzte sie in einen Schockzustand.
8. Ihr linkes Auge war stark geschwollen.
9. Er brach unter dem Druck zusammen.
10. Sie werden auf Drogen untersucht.
11. Er bekam eine Kortisonspritze *(cortisone …)* gegen Heuschnupfen.
12. Er schlug ein neues Mittel gegen Depression vor.
13. Antibiotika werden häufig auch gegen harmlose (*mild*) Infektionen verschrieben.

3.3 Setzen Sie das passende Wort ein. Versuchen Sie zunächst, die Lücken ohne Hinzunahme der Wortvorgaben zu füllen

do • for • full • heavy • highly • in • in • kick • on • surgery • take • took • withdrawal

1. I'm getting stronger every day and I'm confident of a ____________ recovery.
2. Traffic ____________ antiquities and traffic ____________ drugs often go hand in hand.
3. There are sponsorship programmes to help smokers ____________ the habit.
4. Rub this ointment ____________ your back.
5. The nurse ____________ (down) my medical history.
6. They treated him ____________ weight loss brought on by drugs.
7. The therapy is designed to help reduce the nicotine craving experienced by ____________ smokers.
8. He doesn't drink, doesn't smoke, doesn't ____________ drugs, doesn't gamble.
9. Do you experience ____________ symptoms when away from your computer?
10. Bradford patients could soon be offered hospital appointments through their GP's ____________ (*Praxis*).
11. Victorians died of tuberculosis because it is a ____________ infectious disease.

3.4 Verfassen Sie einen kurzen Text, der Jugendliche vor den Gefahren von Aids warnen soll.
Erstellen Sie zunächst eine Liste mit Wortschatzeinheiten, die Ihnen dabei nützlich sein könnten (z. B. *to test sb for sth, disease, protect sb against sth* usw.). Versuchen Sie dabei auch folgendes Vokabular zu verwenden.

an HIV positive
to have AIDS
to catch/develop AIDS
to test positive for sth
to spread through sexual contact
a drug user
a killer disease
to sleep around
an AIDS sufferer/patient
a haemophiliac (Bluter)
to pose a threat
to be promiscuous
to adopt safe sex practices
contaminated blood (verseuchtes Blut)

3.5 Setzen Sie die folgenden Wörter ein.

ache(s) • *pain(s)* • *aching* • *faint* • *swollen*

1. Symptoms of bacterial meningitis are fever, neck stiffness, severe head ____________ and joint ____________.
2. You've been working on your computer for hours on end, your eyes are ____________.
3. Before his heart attack he had felt severe ____________ in his chest.
4. Some people can't stand the sight of blood ▸ they ____________.
5. He was stung by a bee, his eye had ____________ up.
6. Very gradually, Susy's tummy (= *stomach*) ____________ became less frequent.
7. She is in terrible ____________.

3.6 Ergänzen Sie die Tabelle mit Wörtern, die der gleichen Wortfamilie angehören.

Verbs	Nouns	Adjectives
to infect		
	pain	
		aching
to treat		
	cure	
		breathless
to recover		

3.7 Ordnen Sie die folgenden Substantive danach, ob sie zählbar oder unzählbar sind.

flu • ***measles*** • ***eating disorder*** • ***ulcer*** • ***anorexia*** • ***stroke*** • ***cancer*** • ***fever*** • ***earache*** • ***headache*** • ***toothache*** • ***rash***

countable	uncountable	both countable and uncountable

INFO

Der Artikelgebrauch bei Krankheitsbezeichnungen oder -symptomen schwankt häufig. In guten Lernwortschätzen und Wörterbüchern sind daher unzählbare Substantive entsprechend gekennzeichnet.

3.8 Ergänzen Sie nun wo notwendig die folgenden Sätze.

1. A mum is the one who gets up in the night when the kids have ________ fever.
2. Other symptoms may include ________ fever, ________ headache, ________ stiff neck and aversion to light.
3. I had ________ really bad headache.
4. She's coming down with ________ flu.
5. This may cause ________ cancer.
6. When you have ________ cold, you should stay at home.
7. He suffered from ________ dengue fever.

INFO

Wenn man im Englischen mithilfe von unzählbaren Nomina von einem bestimmten Krankheitsfall berichten will, muss man Wendungen wie *a dose of / a touch of / an attack of / a case of / a bout of* oder andere Umschreibungen verwenden.

Er hat eine schlimme Lungenentzündung überlebt.
▶ He has survived a severe bout of pneumonia.
Ich hatte eine leichte Grippe.
▶ I had a touch of flu.

Versuchen Sie sich nun an den folgenden Sätzen.

1. Er hatte eine schlimme Grippe.
2. Der Geruch allein genügt, um einen Heuschnupfen auszulösen.
3. Er hatte mehrere Mandelentzündungen.

3.9 **Hören Sie sich den Podcast *88/2009 Doctor* auf *www.pons.de* an und notieren Sie das Kernvokabular rund um die Arbeit einer Ärztin.**

Online-Link 519534-0002

disease patient operation ward be/become a doctor family doctor smelly feet communication skills bookwork specialties

3.10 **Schauen Sie sich die Internetseiten eines Lifestyle-Magazins an, z. B. *Canadian Health and Lifestyle.* Lesen Sie einige Artikel und notieren Sie sich neue Kollokationen.**

Online-Link 519534-0003

3.11 **Ordnen Sie die folgenden Entzündungen in die Tabelle ein:**

appendicitis • ***arthritis*** • ***carditis*** • ***dermatitis*** • ***gingivitis*** • ***laryngitis***

1. inflammation of the appendix	
2. heart inflammation	
3. inflammation of the larynx	
4. skin inflammation	
5. gum (*Zahnfleisch*) inflammation	
6. inflammation of a joint	

INFO

Die Endsilbe *-itis* stammt aus dem Altgriechischen und dient der Bezeichnung von Entzündungen (*inflammation*).

Gefühle und Verhalten 4

4.1 Setzen Sie das passende Wort ein. Versuchen Sie zunächst, die Lücken ohne Hinzunahme der Wortvorgaben zu füllen.

about • bad • cope with • fly into • madly • of • quite • thick • took

1. He wasn't exactly enthusiastic ____________ the proposal.
2. He had gone through a pretty ____________ depression.
3. To a degree, individuals can ____________ fear, but much more needs to be done to permit its effective management.
4. The tension was so ____________ that he was having difficulty breathing.
5. The truth is that I'm envious ____________ his perfection.
6. The headmaster has expressed concerns ____________ the way a teacher handled children with learning difficulties.
7. He ____________ pleasure in winning.
8. I go to bed on a Friday night feeling ____________ content.
9. He would ____________ a rage at the slightest thing – dinners would end up all over the walls and we would all get beaten.
10. I was still in a ____________ temper, and not in the mood for fairy stories.
11. His mother was anxious ____________ him being safe.
12. She was ____________ in love.

4.2 Stellen Sie sich die folgenden Situationen vor. Beschreiben Sie, wie Sie sich fühlen.

a) You've just won the lottery.
b) You've failed your driving test for the second time.
c) You are falling in love.

4.3 Übersetzen Sie die folgenden Sätze ins Englische.

1. Er hatte das komische Gefühl, dass er sie nie wiedersehen würde.
2. Dieses Mal bekomme ich meinen Wunsch erfüllt.
3. Sie hatte ihrem starken Wunsch, nach London zu fahren, nicht nachgegeben.
4. Sie war nicht besonders scharf darauf, fotografiert zu werden.
5. Sie macht mich nervös.
6. Er fragte sich, worüber sie bloß so aufgeregt (*aufgebracht*) war.
7. Sie schrie vor Entsetzen, als sie ihn sah.
8. Es war wirklich schön (= *ein Vergnügen*), dass Du hier warst.

4.4 Welche Verbgruppen passen zu welchem Substantiv?

worry	have, hold, lose, extend, widen
tension	have, hold, express, feed, overcome
contempt	feel, develop, treat with
appeal	be out of one's mind with, arouse, add to, share
prejudice	cause, create, relieve, release

4.5 Schreiben Sie Tagebucheinträge für die letzten drei Tage, in denen Sie detailliert beschreiben, wie Sie sich gefühlt haben.

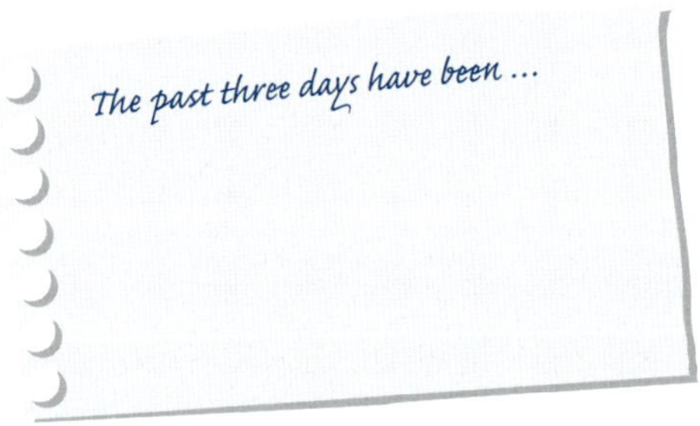

II
Der Alltag

5 Ernährung

5.1 Setzen Sie das passende Wort in die Lücken. Versuchen Sie zunächst, die Lücken ohne Hinzunahme der Wortvorgaben zu füllen.

cover • fill • give • impose • leftovers • pass • pour • put • start

1. They will ____________ a ban on dairy products.
2. When she arrived, I ____________ the kettle on.
3. Thomas insisted on a three course dinner with salad to ____________ .
4. Could you please ________________ the salt?
5. He dropped the bottle while trying to ____________________ a drink.
6. She always gives the ___________________ (= *what is left of a meal*) to a group of hungry children.

5.2 Nicht nur kulinarisch liegen Welten zwischen Großbritannien und den USA, auch sprachlich unterscheidet sich der Speiseplan zum Teil signifikant. Ergänzen Sie den britischen, amerikanischen oder deutschen Ausdruck.

Britisches Englisch	Amerikanisches Englisch	Deutsch
tinned food	canned food	1
2	chips	Chips
biscuit	3	Plätzchen, Keks
4	ground meat	Hackfleisch
grill	5	grillen
sweets	6	Süßigkeiten
7	set the table	den Tisch decken

5.3 **Brainstormen Sie Wörter zu den Themen *„Obst und Gemüse"* und *„Frühstück"*. Lassen Sie sich von den Bildern inspirieren.**

5.4 **Ergänzen Sie passende Mengenangaben zu folgenden Substantiven, z. B. eine Scheibe Brot.**

bag • *bar* • *barrel* • *box* • *can* • *cup* • *jar* • *loaf* • *piece* • *pot* • *slice* • *tin*

1. a ______________ of bread
2. a ______________ of chips/crisps
3. a ______________ of beans
4. a ______________ of chocolate
5. a ______________ of chocolates
6. a ______________ of jam
7. a ______________ of coffee
8. a ______________ of wine/beer

5.5 Welche Bezeichnung passt zu welchem Bild?

1 teaspoon
2 saucer
3 knife
4 lid
5 pot
6 tray
7 pan
8 plate
9 fork
10 bowl
11 tablespoon

5.6 Beschreiben Sie Reaktionen auf geschmackliche Erfahrungen.

a) Tragen Sie Adjektive in die Tabelle ein, die Bewunderung bzw. Ablehnung signalisieren. *"(Yum.) Dinner was …"*

b) Ergänzen Sie Geschmacksrichtungen (süß, sauer, scharf …) *"The roast lamb was …"*

5.7 Übersetzen Sie die folgenden Sätze ins Englische.

1. Das Fleisch ist schlecht.
2. Die Biobranche boomt.
3. Die Supermarktkette hat ihre Preise für Schweinefleisch um bis zu 30 % gesenkt.
4. Diese Tiere haben sehr mageres Fleisch.
5. Paula konnte Leitungswasser und Wasser aus der Flasche nie unterscheiden.
6. Wir haben auch Bier vom Fass aus der Gegend.
7. Fügen Sie dem Mehl zwei Löffel kaltes Wasser hinzu. (= *vermischen Sie das Mehl mit …*)
8. Die Mädchen kamen jeden Tag, um Kartoffeln zu schälen.
9. Schmecken Sie die Bratensoße mit einer Prise Currypulver ab. (*würzen*)
10. Das Restaurant bietet hervorragendes Essen und großzügige Portionen. (= großzügige Portionen hervorragenden Essens)
11. Ich kann es mir nicht leisten, auswärts essen zu gehen.
12. Sie nippte an ihrem Drink und seufzte.

6 Kleidung und Accessoires

6.1 Erstellen Sie ein Wortfeld zum Thema *clothes*. Berücksichtigen Sie dabei auch die Unterkategorie *fibres*.

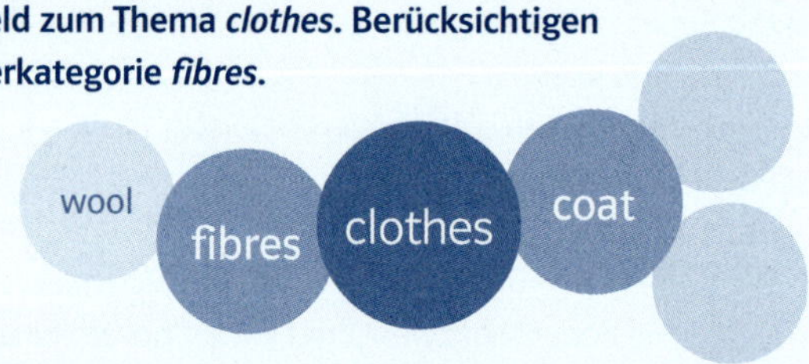

6.2 Kombinieren Sie folgende Einzelwörter zu sinnvollen Wortverbindungen aus dem Bereich *„Kleidung"*.

do up wear black unfasten the button the zipper undo tie dressed get in black dress your shoelaces evening dress

6.3 Ergänzen Sie den fehlenden britischen, amerikanischen oder deutschen Begriff.

Britisches Englisch	Amerikanisches Englisch	Deutsch
smart	sharp	1
zip	2	Reißverschluss
waistcoat	3	Weste
4	sneakers	Turnschuhe
pants	5	Unterhose
6	undershirt	Unterhemd

6.4 Übersetzen Sie die folgenden Sätze ins Englische.

1. Diese Marke ist von schlechter Qualität.
2. Miniröcke sind wieder in Mode.
3. Fliegen sind schon lange aus der Mode.
4. Er gab ihm Kleidung zum Wechseln.
5. Sie machten sich mit all ihren Wertsachen aus dem Staub.
6. Sie hat sich ein Arschgeweih (*arse antlers* [BE], *tramp stamp* [AE], *lower back tattoo*) auf den Rücken tätowieren lassen.

Einkaufen 7

7.1 Erstellen Sie Top-10-Listen mit folgenden Punkten:

What I like to shop for …
What I would never buy …
What makes me happy when I go shopping …
What drives me crazy when I go shopping …

7.2 Ergänzen Sie den fehlenden britischen, amerikanischen oder deutschen Ausdruck für das jeweilige Wort.

Britisches Englisch	Amerikanisches Englisch	Deutsch
shop	1	Laden
2	shopping bag / tote (bag)	Einkaufstasche / Tragetasche
trolley	3	Einkaufswagen

7.3 Übersetzen Sie folgende Sätze ins Englische.

1. Die Investoren sind auf dem Markt, um Kapitalgewinne zu machen.
2. Die Kunden werden die Möglichkeit haben, sich bei verschiedenen Anbietern nach dem besten Strompreis umzuschauen.
3. Lisa ist schon seit vielen Jahren Stammkundin.
4. Werden Sie schon bedient?
5. In vielen Schulen gibt es Cafeterien mit Selbstbedienung.
6. Er lässt sich zum Verkäufer ausbilden.
7. Ich kaufe täglich beim Metzger ein.
8. Er hat seine eigene Firma eröffnet.
9. Das habe ich im Sommerschlussverkauf gekauft.
10. Auf Gebrauchtwagen gibt es einen zehnprozentigen Rabatt.
11. 20 % Rabatt auf alle Haushaltswaren!
12. Die Hose passt gut zu deiner Bluse!
13. Für einen solchen Quatsch sollte man kein Geld verschwenden.
14. Die Gesamtsumme Ihres Einkaufs beläuft sich auf 3000 €.
15. Ich möchte eine Rückerstattung.

8 Wohnen

8.1 **Sammlen Sie Vokabular zum Thema „Räumlichkeiten" (*living room – bathroom – bedroom – kitchen*). Berücksichtigen Sie dabei sowohl Gegenstände als auch Handlungen (z. B. Kollokationen wie *„das Bett machen"*).**

8.2 **Im amerikanischen und britischen Englisch sind einige Unterschiede beim Vokabular rund um das Thema *„Haus und Wohnung"* zu beachten. Ergänzen Sie die fehlenden Begriffe.**

Deutsch	Amerikanisches Englisch	Britisches Englisch
Terrasse / Veranda	1	2
3	first floor	4
5	6	lift
Wohnblock	7	8
9	10	semi-detached house
11	row house	12
Eigentumswohnung	13	14
15	16	bedsitter
17	built-in kitchen	18
19	closet	20
21	garbage	22
23	24	cooker
Taschenlampe	25	26

8.3 Verfassen Sie zwei Wohnungsanzeigen, ein Mietangebot und ein Mietgesuch, die Sie in einer britischen Zeitung aufgeben wollen.

a) Sie möchten in Northampton ein Reihenendhaus in ruhiger Lage in einer Sackgasse mit 2 Schlafzimmern und Badezimmer im oberen Stockwerk, Küche, Esszimmer, Wohnzimmer und Gästetoilette zu einem Preis von 500 Pfund vermieten. Sie wollen keine Raucher oder Haustiere zulassen. Garten hinter dem Haus mit kleinem Geräteschuppen, Balkon und Terrasse. Das Haus befindet sich in der Nähe der Autobahn M1 und ist 5 Minuten vom Stadtzentrum entfernt.

b) Sie sind ein deutscher Erasmus-Austauschstudent (25, Nichtraucher) in England und suchen ein möbliertes Zimmer mit Kochgelegenheit oder eine günstige 2-Zimmer-Wohnung in oder in der Nähe von Durham. Zeitraum: März bis Oktober. Die Universität sollte gut mit öffentlichen Verkehrsmitteln zu erreichen sein. Ihr Budget ist auf 600 £ im Monat begrenzt. +49/173/4569330

8.4 Übersetzen Sie die folgenden Sätze ins Englische.

1. Ein Paar wurde zur Räumung seiner Mietwohnung gezwungen (= *evict*), nachdem der Eigentümer des Objekts die Hypothek nicht bezahlen konnte.
2. Er wurde dazu bestimmt, ältere Mieter des Wohnkomplexes zu beschützen.
3. Sie werden ihr Grundstück in Bradford verkaufen.
4. Kein Haus, ob aus Beton, Ziegelsteinen oder Holz, kann absolut feuerbeständig sein.
5. Dies hatte dramatische Auswirkungen auf den Einsatz von Massivholz.
6. Die Innenwände waren orange gestrichen worden.
7. Sie benutzten die Toilette im Obergeschoss.
8. Ein schwarzer Ford Focus stand in der Einfahrt.
9. Schließlich kauften sie doch ein Ferienhaus in Kent.
10. Er will seine Wohnung zu einem späteren Zeitpunkt vermieten.
11. Sarahs Haus wird im Internet zum Verkauf angeboten.
12. Er ist immer noch Inhaber (= *Gastwirt*) von drei Pubs.

9 Zusammenleben

9.1 Strukturieren Sie Ihr Lernvokabular für diesen Bereich in drei große Teilmengen Legen Sie für jeden Bereich eine Wortsammlung in Ihrem Wortschatzheft an.

Social structures	Family and private life	Social behaviour

9.2 ***Family and private life*** **– Übersetzen Sie folgende Sätze ins Englische.**

1. Wir wollten schon immer eine Familie gründen.
2. Von Frauen wurde erwartet, dass sie heiraten und die Kinder großziehen.
3. Marcus ist selbst ein Einzelkind.
4. Sein älterer Bruder kam auf tragische Weise ums Leben, als er gerade einmal 11 war.
5. Ich bin entfernt mit seiner Schwiegertochter verwandt.
6. Toby und Yvonne haben sich vor zwei Monaten verlobt.
7. Lisa, willst Du meine Frau werden? *(heiraten)*
8. Dies gilt sowohl für Alleinstehende als auch für Ehepaare.
9. Sie und ihr Mann kümmerten sich um ihre Schwiegermutter.
10. Ich bin vor kurzem mit meinem Freund zusammengezogen. *(in seine Wohnung)*
11. Christian hat sich kürzlich von seiner Verlobten getrennt.
12. Sie sagte ihm, sie würde ihn verlassen und wolle die Scheidung.

9.3 ***Social structures*** **– Übersetzen Sie folgende Sätze ins Englische.**

1. Dies stellt einen signifikanten sozialen Wandel im Leben der Waliser dar.
2. Ihre soziale Herkunft ist so unterschiedlich.
3. Es sollte vor allem die Ausbildung des Kandidaten berücksichtigt werden.
4. Der Generationenkonflikt kann recht problematisch sein.
5. Professor Sidney kommt ursprünglich aus Athen.
6. Sie wurden wegen illegaler Einreise in die USA verklagt.
7. Dies wird die Wohlhabenden wohl am stärksten treffen.

8. Fast 70 % der Bevölkerung leben unterhalb der Armutsgrenze.
9. Viele Kinder in Afrika sterben den Hungertod.
10. Manche Familien müssen mit weniger als 80 Pfund pro Woche auskommen.
11. Dieses Projekt schickt Sozialhilfeempfänger wieder auf die Schulbank.
12. Sie haben beim Aufbau der internationalen Arbeiterbewegung geholfen.

9.4 ***Social behaviour*** **– Übersetzen Sie folgende Sätze ins Englische.**

1. Er hat den Kontakt zu seinem Bruder immer gehalten.
2. Ricky versuchte unser weibliches Personal anzubaggern.
3. Die Vier empfinden eine echte gegenseitige Zuneigung.
4. Ich habe Norma zufällig im Pub getroffen.
5. Sie ist eine sehr enge Freundin der Familie.
6. Ich habe es nicht nur aus Freundschaft getan.
7. Es gab Studenten, die keinen angemessenen Beitrag an der Projektarbeit geleistet hatten.
8. Kann mir bitte jemand helfen?
9. Wir werden einen Basar zugunsten kranker Kinder veranstalten.
10. Ich sehe meine Sachen durch und spende Kleidung und Bücher.
11. England brauchte damals Arbeiter.
12. Wochen vergingen ohne einen Zwischenfall.

9.5 Kennen Sie die Unterschiede zwischen britischem und amerikanischem Englisch in diesem Wortfeld? Ergänzen Sie die fehlenden Substantive.

Deutsch	Amerikanisches Englisch	Britisches Englisch
Mutter	mum	1
Windeln	2	diaper
Kinderwagen	pram	3
Taschengeld	pocket money	4
sich mit jdm treffen / mit j-mdem ausgehen	5	to date sb

9.6 **Fallen Sie nicht auf „*Falsche Freunde*“ herein. Ordnen Sie dem deutschen Begriff seine englische Entsprechung zu.**

gross	Rente	**involved**
	Bande	
pension	Pension	**big**
	verlobt	
staff	widerlich	**personal**
	Personal	
engaged	Chor	**corridor**
	persönlich	
guest house	Pflicht	**choir**
	groß	
gang	engagiert	**chore**
	Gang	

9.7 **Skizzieren Sie, von sich als Mittelpunkt ausgehend, einen Stammbaum und ergänzen Sie jeweils die englischen Bezeichnungen der Verwandtschaftsgrade.**

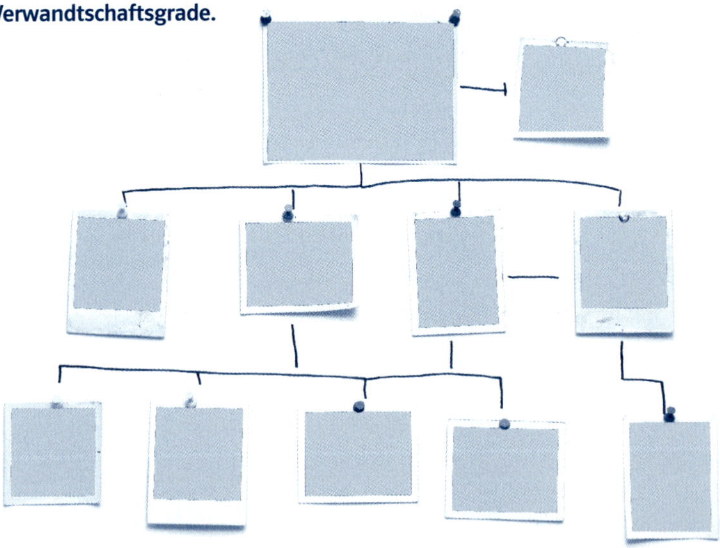

III
Sprache, Medien und Kommunikation

10 Kommunikation und Sprache

10.1 Übersetzen Sie die folgenden Sätze ins Englische.

1. Wir befinden uns in ständigem Austausch mit unseren Kunden.
2. Ich habe ihn darauf angesprochen, ob wir wieder zusammen sein wollen.
3. Dann haben wir uns lange unterhalten.
4. Ich habe ihn über seine Vergangenheit befragt.
5. Sex ist nicht unser einziges Gesprächsthema.
6. Du hättest dir auch seine Sicht der Dinge anhören sollen.
7. Der Minister gratulierte ihm zu seinem letzten Sieg.
8. Übernimmst Du die Vorstellung der Gäste?
9. Dieses Beispiel sollte ihm eine Warnung sein, dass Lügen nicht weiterhilft.
10. Wollen Sie damit andeuten, dass ich Ausflüchte suche?
11. Worauf wollen Sie hinaus?
12. Es ist relativ sinnlos, Einzelwörter auswendig zu lernen.
13. Tut mir leid, wenn ich Sie unterbreche.

10.2 Sprechen Sie die folgenden Wörter laut aus und kennzeichnen Sie die Hauptbetonung durch einen Apostroph. Achten Sie dabei auch auf die vorgegebenen Wortarten.

1. request
2. command
3. persuade
4. insult (n)
5. insult (v)
6. hello
7. disappointed
8. circumstance
9. recommend
10. demonstrative
11. interrogative
12. imperative
13. compound (n)
14. dialect

INFO

Zahlreiche gleich geschriebene Wörter des Englischen weisen eine unterschiedliche Betonung je nach Wortart auf, wie z. B. in der obrigen Übung *'insult* (n) und *in'sult* (v).
Weitere Beispiele: *'conduct* (n) – *con'duct* (v), *'increase* (n) – *in'crease* (v), *'rebel* (n) – *re'bel* (v), *'suspect* (n) – *su'spect* (v), *'record* (n) – *re'cord* (v).

10.3 Benennen Sie die folgenden Satzzeichen.

.	,	:	-	?	!
1 ______	2 ______	3 ______	4 ______	5 ______	6 ______

;	–	'	( )	" "	` ´ ^
7 ______	8 ______	9 ______	10 ______	11 ______	12 ______

10.4 Zählbar oder unzählbar? Ordnen Sie folgende Substantive den Kategorien *„countable"* bzw. *„uncountable"* zu.

disagreement • ***truth*** • ***lie*** • ***touch*** *(Kontakt)* • ***pronunciation*** • ***opinion*** • ***communication*** • ***fact*** • ***luck*** • ***advice*** • ***permission*** • ***vocabulary*** • ***register*** • ***punctuation*** • ***lower case*** • ***capital*** *(= Großbuchstabe)*

uncountable	countable

10.5 Finden Sie Synonyme und Antonyme.

1. maybe = ______
2. glad ≠ ______
3. view = ______
4. seem = ______
5. definitely = ______
6. of course = surely = ______
7. allow = ______
8. capital (letter) = ______
9. full stop (BE) = ______ (AE)

11 Medien

11.1 Sammeln Sie alle Begriffe, die Ihnen rund um das Themen *„Hardware und Software“* und *„multimediale Aktivitäten“* einfallen. Entwickeln Sie die folgenden Vorgaben weiter.

bits software
hardware / software
data operating system (OS)
bytes

process data
open a file
activities install sth
use a computer

11.2 Finden Sie das jeweilige Gegenteil.

1. hang up ↔ ____________________
2. local call ↔ ____________________
3. busy / engaged ↔ ____________________

11.3 Übersetzen Sie die folgenden Sätze ins Englische.

1. Er geht nie ans Telefon.
2. Nur wenige Autos sind standardmäßig *(as a standard feature)* mit einer Freisprechanlage ausgestattet.
3. Während des Unterrichts bitten wir Sie, das Handy auszuschalten.
4. Laden Sie kostenlose Klingeltöne herunter.
5. Wir haben einen dringenden Anruf für Herrn Maier.
6. Bitte bleiben Sie am Apparat.
7. Klett Verlag. Neumann am Apparat.
8. Könnten Sie eine Nachricht für Herrn Lederbogen hinterlassen?
9. Das Match wird live übertragen.
10. Er hat seine Rundfunkgebühren nicht bezahlt.
11. Der Artikel ist in der letzten Ausgabe von Time Magazine erschienen.
12. Der Skandal machte Schlagzeilen.
13. Kannst Du es ein bisschen lauter stellen?
14. Computer verarbeiten Daten.
15. Ich habe eine falsche Taste gedrückt, und dann ist er abgestürzt.
16. Um das Programm zu beenden, muss man die Eingabe-Taste drücken.

11.4 Kennen Sie die Unterschiede zwischen britischem und amerikanischem Englisch in diesem Wortfeld? Ergänzen Sie die fehlenden Substantive.

Deutsch	Amerikanisches Englisch	Britisches Englisch
Handy	1	2
Telefonzelle	3	4
Anrufbeantworter	5	6
Post	7	8
Postleitzahl	9	10
Postbote, Briefträger	11	12
Eilbrief	13	14
(Haus-)Briefkasten	15	16
Moderator	17	18
Antenne	19	20
Foto	21	22
Mousepad	23	24
E-Mail schreiben	25	26

11.5 Ordnen Sie folgende Substantive den Kategorien „*zählbar*" oder „*unzählbar*" zu.

connection • stationery • snail mail • post • provider • information • advertisement • Bluetooth • telephony • airmail • facility • advertising • data • software • area code

uncountable	countable

11.6 Sprechen Sie die folgenden Wörter laut aus und kennzeichnen Sie die Hauptbetonung durch einen Apostroph. Achten Sie dabei auch auf die vorgegebenen Wortarten.

1. telephony
2. mass media
3. cable television
4. excerpt
5. appendices
6. advertisement
7. record (n)
8. input
9. backup
10. back up
11. update (v)
12. update (n)
13. module
14. programming
15. user-friendly
16. administrator
17. disconnect
18. online / offline
19. download / upload
20. hardware

11.7 Vergleichen Sie jeweils die Satzpaare miteinander. Welche Schlüsse können Sie daraus ziehen: a) für den Gebrauch des Wortes „Internet"? b) für das Wortschatzlernen allgemein?

a) **More than nine in 10 youngsters now use a computer at school or home, while 5 per cent of six-year-olds regularly surf the Internet.**

b) *Surfen im Internet ist nicht nur der jüngeren Generation vorbehalten.*

c) **Pitt is pursuing a lawsuit, despite the fact that the images are available on the Internet.**

d) Je mehr Leute im Internet einkaufen, desto erfolgreicher ist die Post, weil sie die bestellten Waren ausliefert.

e) Electronic commerce, or e-tailing, involves people buying goods and services via the internet rather than from shops.

f) **Wer bauen oder Immobilien kaufen will, kann seinen Finanzierungsplan jetzt auch via Internet unter Dach und Fach bringen.**

g) ***While awaiting the Admiralty's call to return to active service, he's been genning up on the latest developments through the Internet.***

h) Doch erst wenn der Einkauf über das Internet zu 100 Prozent sicher und das Misstrauen der Bevölkerung überwunden ist, hat der E-Commerce auch in Deutschland eine größere Chance.

IV
Bildung, Arbeitswelt und Wirtschaft

12 Bildung und Wissenschaft

12.1 Setzen Sie das passende Wort ein. Versuchen Sie zunächst, die Lücken ohne Hinzunahme der Wortvorgaben zu füllen.

at • *broken* • *develop* • *for* • *from* • *good* • *bad* • *making* • *nurture* • *picked up* • *received* • *strict* • *take*

1. She had a talent ______________ knowing what to say during such times.
2. But since then she has ______________________ a few words of Welsh.
3. You ______________________ skills just through practice and experience.
4. I usually have a ____________________________ memory for such things.
5. The police are _____________________ progress with their investigations.
6. For a long time, women were________________________ a disadvantage.
7. They ____________________ praise for the intelligence of their approach.
8. Prolonged absence ______________ school affects academic performance.
9. How to identify and ____________________________ our gifted children.
10. Most religions involve a _______________ discipline that ultimately gives you freedom.
11. The subject was so complicated that few students opted to _____________ it.
12. You must have ________________ a dozen school rules. No wonder you've been expelled!

12.2 Übersetzen Sie die folgenden Sätze ins Englische.

1. Sie achten sehr streng auf die Auswahl der Schüler.
2. Ich war Mitglied des Lehrerkollegiums, als es passierte.
3. Er hat nichts in seinem Privatunterricht gelernt.
4. Es bringt einige Vorteile, Schulleiter zu sein.
5. Es wird deine Lesefähigkeit fördern.
6. Die Lehrer lassen viel in Partnerarbeit machen. *(assign)*
7. Bilden Sie Dreiergruppen!
8. Sie ist sehr gut im Rollenspiel.
9. Die meisten von ihnen wiederholten gerade für die bevorstehende Prüfung.
10. Er übersetzte den Text aus dem Deutschen ins Englische.
11. Ich sage es Dir, nachdem wir die Übung beendet haben.
12. Sie sollten die Aussprache des Wortes üben.

12.3 Wer studiert was?

A ...	studies ...
1. A physicist	
2. A physician	
3. A biologist	
4. A historian	
5. A linguist	
6. A philosopher	
7. A mathematician	
8. A psychologist	

12.4 Nennen Sie die Substantive oder Adjektive, die zu den Definitionen passen.

1. someone who is in the same class as you	
2. a plan of the times when lessons are to take place	
3. all the different courses taught at a school or university	
4. the way your parents treat you and the things they teach you	
5. approval for someone's achievements	
6. training and education that prepare you for a particular job	
7. something that is said again in a different language	
8. a general description or explanation of something	
9. lack of success	
10. the final school leaving exam in Britain	
11. a large room in a university where meals are served	
12. a sum of money that you pay to be allowed to study at a university	
13. someone that you test something on that has never been tested before	
14. a prize or certificate that someone receives for their achievements	

12.5 Was bedeuten die folgenden Abkürzungen?

1. BSc		**4. MD**	
2. MA		**5. PhD**	
3. MSc		**6. PE**	

12.6 **Versuchen Sie, die folgenden Informationen zum deutschen Hochschulsystem ins Englische zu übertragen. Fachbegriffe wie *„Hochschule“* können Sie in derselben Form belassen.**

In Deutschland gibt es verschiedene Arten von Hochschulen:

- *Fachhochschulen, an denen auch Forschung betrieben wird, die aber vor allem praxisorientiert ausbilden*
- *wissenschaftliche Hochschulen (Universitäten), die in Fachbereiche unterteilt werden, an denen man verschiedene Studiengänge belegen kann, wie z. B. Medizin oder Maschinenbau.*

Die ersten Universitäten in Deutschland, die in der Zeit des Frühhumanismus entstanden, waren Heidelberg (1385), Köln (1388) und Leipzig (1409). Voraussetzung für das Studium an einer Universität ist die allgemeine Hochschulreife (Abitur).

12.7 **Schreiben Sie einen stichwortartigen Bericht mit dem Titel *„A day in the life of a university student“*. Ist Ihnen der Schulalltag näher, dann beschreiben Sie doch diesen. Der Anfang könnte so aussehen:**

7:30 a.m.
Alarm clock! Jump out of bed.
Shower.
Fill the mug with strong coffee and stir in two spoonfuls of sugar.
Cycle to ...

12.8 **Hören Sie sich den folgenden Podcast 60/2008 *Education Systems* zum amerikanischen Bildungssystem auf *www.pons.de* an und notieren Sie das Kernvokabular.**

Online-Link
519534-0004

13 Arbeit und Beruf

13.1 Übersetzen Sie folgende Sätze ins Englische.

1. Eine gute Schul- und Berufsausbildung sind notwendig, um sich für diese attraktiveren Arbeitsplätze zu qualifizieren.
2. Viele Einwanderer verfügen bei ihrer Ankunft zumindest über Grundkenntnisse des Englischen. *(arrive with …)*
3. Diese Aufgabe sollte nur von denjenigen ausgeführt werden, die Erfahrung mit dieser Technik haben.
4. Die neue Technologie ermöglicht es Facharbeitern, noch produktiver zu arbeiten.
5. Nur wenige Menschen lassen sich zu Pflanzenzüchtern ausbilden.
6. Es ist häufig schwierig, jemanden zu finden, der einen einarbeitet.
7. Sie sollte sich in Irland bewerben.
8. Er erschien ein paar Minuten früher zum Vorstellungsgespräch.
9. Interessenten sollten sich schnellstmöglich um ein Bewerbungsformular kümmern.
10. Vier Tage später bekam er ein Stellenangebot.
11. Wie alle Jungs hat er in seiner Jugend einen Handwerksberuf erlernt.
12. Er wird immer eine sichere *(= feste)* Stelle haben.

13.2 Ergänzen Sie den fehlenden britischen, amerikanischen oder deutschen Ausdruck.

Britisches Englisch	Amerikanisches Englisch	Deutsch
curriculum vitae (CV)	1	Lebenslauf
flexitime	2	Gleitzeit
3	hire / employ	beschäftigen, anstellen
4	unemployment benefit	Arbeitslosenunterstützung
5 / raise	raise	Gehaltserhöhung
holiday	6	Urlaub
shop steward	union representative	7

13.3 **Verfassen Sie auf eine von Ihnen gewählte Stellenausschreibung ein Bewerbungsschreiben. Als Fundgrube dienen beispielsweise britische Onlinezeitungen oder Online-Arbeitsvermittlungen. Gute Jobmaschinen finden Sie in den Onlineausgaben des *Guardian*, der *Times* oder der *New York Times*.**

Online-Link 519534-0005

13.4 **Hören Sie im folgenden Podcast 90/2009 *Tanya loses her job* auf *www.pons.de* an, was eine ehemalige Angestellte über ihre Kündigung denkt und welche Pläne sie nun hat. Notieren Sie das berufsrelevante Vokabular.**

Online-Link 519534-0006

14 Wirtschaftsleben

14.1 Setzen Sie das passende Wort ein. Versuchen Sie zunächst, die Lücken ohne Hinzunahme der Wortvorgaben zu füllen.

about* • *at* • *bored* • *by* • *credited with* • *dug* • *launch* • *made* • *mend* • *on* • *pay* • *placed* • *repair* • *run* • *settle* • *with

1. Havana cigars are made ____________________ hand.
2. They learned to ________________ pipes and ________________ roofs. *(ausbessern, reparieren)*
3. The engine ______________________ a hole 40 feet deep into the earth.
4. They have bought a rocket to __________________________ a satellite.
5. He was with me _____________ the phone every night.
6. I'm phoning you________________ a recent conversation I had with Peter.
7. Gucci, the last member of the dynasty to ___________ the company which made his family's name famous, was shot dead in 1996.
8. It _________________________________ a profit of 30.3 million pounds.
9. Last week Beijing _____________________ an order for 33 Airbus planes.
10. He opened an account _________________________ the Bank of Ireland.
11. The account was ______________________ 100,000 pounds *(gutschreiben)*.
12. They refused to _________________ the debts resulting from their losses.

14.2 Übersetzen Sie die folgenden Sätze ins Englische.

1. Ihr strategisches Ziel ist es, bis zum Jahr 2020 30 % des britischen Markts für Teppiche zu besetzen.
2. Die Firma hat eine Million in neue Maschinen gesteckt *(= gepumpt)*.
3. Er machte ein Experiment mit einem Stück Schnur und einer Eisenstange.
4. Seine Zähne waren mit einer Zange gezogen worden.
5. Mit Bezug auf Ihren Brief vom 23. Mai möchte ich Ihnen mitteilen, dass wir unser Angebot leider nicht aufrechterhalten können.
6. Die Firma hat einen Überschuss von 1,7 Milliarden Dollar erwirtschaftet.
7. Die Firma baut 200 Stellen in ihrer Zentrale in Bradford ab.
8. Die Verkäufe sind im ersten Quartal um 57 Prozent gestiegen.
9. Diese Firma handelt mit Vitaminen und anderen Nahrungsergänzungsmitteln *(nutrient supplements)*.
10. Die Fluglinie hat einen Auftrag über drei neue Flugzeuge erteilt.

14.3 Schreiben Sie einen Antwortbrief an Ihre Bank, in dem Sie erläutern, warum Sie Ihr Konto um 2000 € überzogen haben und wann Sie das Konto aus welchen Gründen wieder ausgleichen können. Verwenden Sie das folgende Muster.

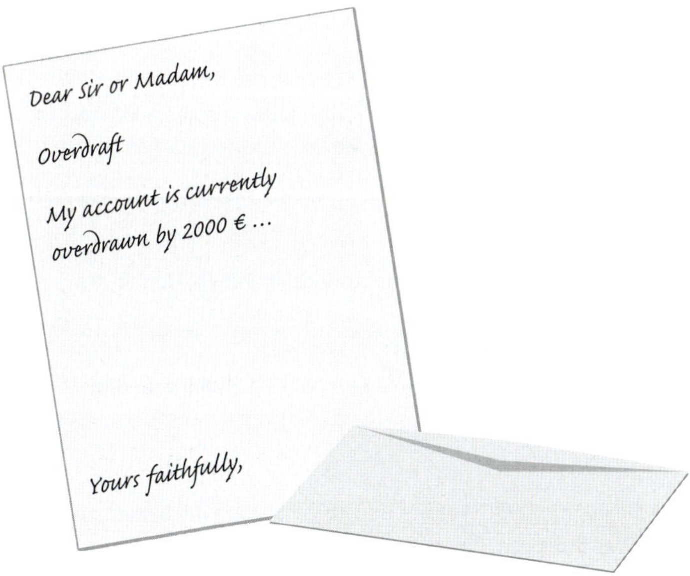

14.4 Beantworten Sie die Fragen zum Text auf Englisch und übersetzen Sie den Text dann möglichst detailgetreu ins Deutsche.

Michael Bloomberg, the New York mayor, has hailed[1] the economic recovery of the city as it marks[2] the fifth anniversary of the terrorist attacks that brought down the World Trade Centre towers.
A recovery in the office market of the city's financial district, and a budget surplus fuelled by tax receipts from a booming Wall Street were evidence that terror had failed to drive business away from Manhattan, as predicted in the immediate aftermath[3] of 9/11.
"Instead of the post-9/11 economic collapse that al-Qu'ida envisioned and some doomsayers[4] feared, we are stronger and safer now than we have ever been before," Mr Bloomberg said.
And he said despite fears that businesses may relocate to less high-profile cities, some of the US's biggest companies were in fact moving their headquarters to New York. This year, 44 of the Fortune 500[5] are based in the city – up on 2005 and 21 more than its nearest rival, Houston.
"That reverses a decade-long exodus[6] from our city," Mr Bloomberg said.

(*The Independent* 9.9.2006: 54)

---

*[1]**hail** to describe sb/sth as being very good or special | [2]**mark** to celebrate or officially remember an event that is considered to be important | [3]**aftermath** the situation that exists as a result of an important (and usually unpleasant) event | [4]**doomsayer** a person who says that something very unpleasant is going to happen | [5]**the fortune 500** the 500 largest corporations in the USA, as they appear in the yearly list in* Fortune *magazine | [6]**exodus** a situation in which many people leave a place at the same time*

1. What is the text about?
2. What evidence does the author produce in order to demonstrate that New York's economy has recovered from 9/11?
3. Why is New York so important?
4. How has the author set up links between the first two paragraphs?
5. How have the third and fourth paragraphs been linked?

14.5 Gehen Sie auf die *CNBC Website* und hören Sie sich die neuesten Nachrichten von der Wall Street an. Geben Sie dazu einen passenden Suchbegriff wie *Wall Street news* in das Feld *Enter Keyword* ein. Notieren Sie typische Wendungen wie: *the dollar is up two cents against the yen.*

Online-Link
519534-0007

14.6 Nennen Sie die Substantive oder Adjektive, die zu den Definitionen passen.

1. a group of machines or machines in a factory or on a farm	
2. a goal to be achieved; a result that a company is trying to achieve	
3. a bank account that you can take money from at any time; earns little or no interest	
4. to send money from one bank to another	
5. the activity of selling goods direct to the public	
6. a strong request; willingness to buy a product	
7. a platform on land or in the sea used when getting oil from the ground	
8. an arrangement in which you pay money to a company and they pay you money if something unpleasant happens to you	
9. something that encourages you to do something	
10. the money that you spend on something	

14.7 **Sie wollen ein Haus oder eine Wohnung kaufen. Verwenden Sie folgendes Muster, um zu berechnen, wie viel Kredit Sie maximal aufnehmen können.**

Budget planner

It can be difficult to decide how much money you could spare to repay a loan. Our budget planner will help you to work out your monthly disposable income.

Monthly income	**€ per month**
Your earnings after tax	
Other (Investments, etc.)	
Total monthly income after tax	

Monthly expenditure	
Mortgage/Rent	
Life insurance	
Pension	
Council tax	
Water	
Gas	
Electricity	
Telephone/Internet	
Mobile Phone	
Travel to work	
Petrol/car maintenance	
Car insurance	
Food	
Clothing	
Other loans/credit cards	
Entertainment	
Subscription to newspapers and magazines	
Christmas and birthday presents	
Holidays	
...	
...	
Total monthly expenditure	

V
Freizeit

15 Freizeit

15.1 Übersetzen Sie folgende Sätze.

1. Im Vordergrund stand die Einrichtung *(= Entwicklung)* von Sport- und Freizeitanlagen.
2. Das Unternehmen betreibt einen großen Vergnügungspark vor den Toren von Paris.
3. Der Chef zeigt anscheinend kein Interesse daran, was du machst.
4. Wenn du nicht sicher bist, was deine Einsamkeit auslöst, führe ein Tagebuch.
5. Der Spielplatz war menschenleer.
6. Es ist möglicherweise das älteste Brettspiel der Welt.
7. Dann würfelt er aus der offenen Hand.
8. Wir wechseln uns ab.
9. Wir teilen jetzt die Karten aus.
10. Er kämpft weiterhin für seinen Verein.

15.2 Britisches und amerikanisches Englisch – ergänzen Sie die fehlenden Begriffe.

Britisches Englisch	Amerikanisches Englisch	Deutsch
leisure time/free time	free time	1
leisure centre	2	Freizeiteinrichtung
photo	3	Foto
4	girl scout	Pfadfinderin
5	checkers	Dame
pack (of cards)	6	Satz (Spielkarten)
athletics	track and field (sports)	7
football	8	Fußball
American football	9	American Football
draw	10	Unentschieden
cinema	11	Kino
12	change to	umschalten auf
13	bachelorette party	Junggesellinnen-abschied

15.3 Zählbar oder unzählbar? Ordnen Sie folgende Substantive den Kategorien *„countable"* bzw. *„uncountable"* zu.

collection • *recreation* • *time* • *culture* • *puzzle* • *playground* • *entertainment* • *amusement* • *clubbing* • *hide-and-seek* • *chess* • *athletics* • *hiking* • *season* • *suit* • *race*

uncountable	countable

15.4 Erklären Sie mündlich wie man Dame spielt. Aber machen Sie sich zur Vorbereitung ein paar Notizen.

16 Reisen

16.1 Vervollständigen Sie folgende Sätze. Versuchen Sie zunächst, die Lücken ohne Hinzunahme der Wortvorgaben zu füllen.

charge • *complete/fill in/fill out* • *convenient* • *customs* • *declare* • *delayed* • *duty on* • *put you up* • *tight* • *travel documents* • *valid*

1. Passengers had already been ________________ by a later departure time.
2. Don't forget to carry all necessary ____________________________ including passport, travel insurance and medical insurance.
3. The working visas will be _____________________ for three years.
4. Alternatively you can __________________ this form and send a copy to us.
5. The holiday maker will be liable to pay ________________ these cigarettes.
6. There was no obligation to _______________________ goods brought back for own use.
7. All of those goods, ____________________ officers believed, were destined for the European retail market.
8. He was brought in, accompanied by __________________ security.
9. We'll _________________ in a hotel until we've got enough space at home.
10. It would be more ___________________________ for us to come on Sunday.
11. A customer refused to pay the service _________________ in that situation.

16.2 Zählbar oder unzählbar? Ordnen Sie folgende Substantive den Kategorien „*countable*" bzw. „*uncountable*" zu.

passport control • *accommodation* • *fast food* • *gift* • *choice* • *takeaway* • *staff* • *reception* • *security* • *duty* • *holiday home* • *inspection* • *sightseeing*

uncountable	countable

16.3 Übersetzen Sie folgende Sätze.

1. Unser Sonderangebot beinhaltet Vollpension sowie Benutzung des Pools und sämtlicher anderer Einrichtungen.
2. Sie müssen 15 % des Kaufpreises als Kaution hinterlegen. (= bezahlen)
3. Sie wurden von der Vermieterin zur Wohnung gebracht.
4. Johanna und ihre Familie wohnten in einem Ferienhaus für Selbstversorger.
5. Hört sich nach der Speisekarte eines Haute-Cuisine-Restaurants an …
6. Es gibt eine große Auswahl an Sehenswürdigkeiten.
7. Ein junger Sternekoch hat dort seine Arbeit aufgenommen.
8. Reisen heißt, sich Sehenswürdigkeiten anzuschauen und dabei einen Sonnenbrand zu bekommen.
9. Der Eintritt kostet 15 Pfund pro Person.
10. Die Überreste dieses Tempels werden in neuem Glanz erstrahlen. *(regain a noble beauty)*

16.4 Britisches und amerikanisches Englisch – Ergänzen Sie die folgende Tabelle.

Deutsch	Amerikanisches Englisch	Britisches Englisch
Unterkunft	1	2
3	4	porter
5	6	campsite
Wohnmobil	7	8
9	takeout	10
11	check	12
Toilette	13	14

16.5 Erstellen Sie eine kleine Broschüre und verfassen Sie den Werbetext für ein Hotel in einem Ferienparadies Ihrer Wahl. Preisen Sie Unterkunft und nahe gelegene Ausflugsziele an. Lassen Sie sich von den Bilder inspirieren oder wählen Sie eine Urlaubsort, der Ihnen vertraut ist.

VI
Umwelt und Verkehr

17 Verkehr

17.1 Setzen Sie das passende Wort ein. Versuchen Sie zunächst, die Lücken ohne Hinzunahme der Wortvorgaben zu füllen.

boarding* • *change* • *failed* • *gave* • *for* • *prevention* • *sank* • *sharp* • *slam* • *took* • *use* • *way

1. She is on her ____________________ back to the airport.
2. They passed through customs before ____________________ the plane.
3. They launched a massive rescue operation after the ferry ______________ in the Red Sea.
4. ____________________ a pedestrian crossing or traffic light when available.
5. She ____________________ me a lift home to my mother's house.
6. The huge aircraft carrier sailed ____________________ Iraq.
7. The driver was able to ____________________ on the brakes and stop short.
8. He rounded a particularly ____________________ bend.
9. We ____________________ a detour to a small cemetery.
10. 90 million pounds will be spent on road signage and marking, traffic calming and accident ____________________.
11. You have to use your indicators when you ____________________ lanes.
12. His brakes ______________ seconds before he skidded into a roundabout.

17.2 **Übersetzen Sie die folgenden Sätze ins Englische.**

1. Es verstößt gegen das Gesetz, eine Hupe nach 11 Uhr zu benutzen.
2. Wie schnell würden Sie auf einer freien *(clear)* Autobahn fahren?
3. Ihr Bremslicht funktioniert nicht.
4. Wagen, die erhebliche Behinderungen verursachen *(cause significant obstruction)*, laufen Gefahr, abgeschleppt zu werden.
5. Die Joyrider fuhren vier Wagen zu Schrott.
6. Ihm fehlte die Pommesbude, die früher an der Straßenecke stand, wo er aufwuchs.
7. Die Ampel stand auf rot, als er die Straße überquerte.
8. Als er die Spur wechselte, verfehlte er nur knapp *(narrowly)* einen Arbeiter *(workman)*, der dabei war, die Überholspur zu sperren.
9. Die Unterführung führt unter einer Zuglinie her.
10. Wir hatten eine Reifenpanne auf der Rückfahrt.
11. Ich habe nur fünf Minuten auf der Fahrradspur gestanden.
12. In britischen Zügen gibt es keine „zweite“ Klasse. Vor etwa zwanzig Jahren hat man diese in „Standardklasse“ umbenannt.
13. Quantas bietet Flüge nach Perth ab 700 Pfund, mit einer Zwischenlandung in Bangkok.
14. Wir gingen gerne am Kanal spazieren.
15. Vor 50 Jahren legte die HMS Windrush in Southampton an.

17.3 **Was bedeuten die folgenden Schilder? Beschreiben Sie die Verbote, Gebote, Warnungen.**

1

2

3

4

17.4 Tragen Sie die folgenden Wörter in die richtige Spalte ein und ergänzen Sie die passende deutsche Übersetzung.

main road • *turn signal* • *highway* • *motorway* • *divided highway* • *tail light* • *rear light* • *number plate* • *windshield* • *trunk* • *shift gears* • *license plate* • *windscreen* • *bonnet* • *dual carriageway* • *hood* • *boot* • *change gears* • *indicator* • *expressway*

Britisches Englisch	Amerikanisches Englisch	Deutsch

17.5 Nennen Sie die Substantive, Adjektive oder Verben, die zu den Definitionen passen.

1. part of a bicycle that you push with your feet to make the bicycle move	
2. to drive backwards	
3. to go and get someone from the place where they are waiting for you	
4. a road which leads away from another road	

5. the maximum speed which you are allowed to drive	
6. in AE it is called "traffic circle"	
7. repairs being done on a road, especially a motorway	
8. material used for making road surfaces (AE = blacktop)	
9. when your car stops working, you have a …	
10. public transport vehicle, usually powered by electricity from wires above it, which travels along rails laid in a road	
11. the area beside the rails where you wait for the train	
12. a curve in a road	

17.6 Nennen Sie die Vor- und Nachteile unterschiedlicher Verkehrsmittel.

means of transport	includes	good for	bad for
1. road transport	cars, lorries, …	passengers, private use …	exhaust fumes, …
2. rail transport			
3. sea transport			
4. air transport			

18 Umwelt und Natur

18.1 Setzen Sie das passende Wort ein. Versuchen Sie zunächst, die Lücken ohne Hinzunahme der Wortvorgaben zu füllen.

> ***badly*** • ***blew*** • ***clear*** • ***compass*** • ***degrees*** • ***dry*** • ***events*** • ***fierce*** • ***high*** • ***poured*** • ***rough*** • ***severe*** • ***severely*** • ***struck***

1. The ________________________ skies have all but clouded over with smog.
2. He looked like a flapping fish on ____________________________ ground.
3. They came to Britain from all points of the ________________________.
4. Conditions are miserable. It's several ___________________ below freezing and there's no food.
5. It ______________________ with rain all morning and the ground was soft.
6. A __________________storm on the M6 last night brought traffic to a halt.
7. They were watching TV when lightning _____________ and within minutes their home was ablaze.
8. The icy wind _____________________________ over the surface of the lake.
9. The crew was faced with a maritime storm and ___________________ sea.
10. In this series covering the most notable weather ________________ of the last century in the British isles, tornadoes feature strongly in three or four.
11. The essence of a city is ______________ density and a rich mixture of uses.
12. Basra is facing a ______________________ shortage of safe drinking water.
13. Important habitats for many upland bird species had been _____________ damaged.

18.2 Übersetzen Sie die folgenden Sätze ins Englische.

1. Das kälteste Wetter entsteht in England dann, wenn der Wind aus Osten oder Nordosten weht.
2. Die Höchsttemperatur in Rochester, Minnesota, betrug Montag -8°C.
3. Ich kann mich lebhaft an einen Urlaub am Meer erinnern, als ich acht war.
4. Auf dem Gipfel des Berges befindet sich der Hof des Herzogs.
5. Unser Planet bewegt sich mit erstaunlicher Geschwindigkeit durch das All.
6. Die Sonne schien zwei Wochen lang.
7. Er saß in einem kahlen Zimmer.
8. Der Rhein fließt bei Rotterdam in die Nordsee.
9. Nordkorea wurde von schweren Überflutungen heimgesucht.
10. Kalte, feuchte Luft ist ein perfekter Nährboden *(breeding ground)* für Bakterien.
11. Es ist eine Mischung aus verschiedenen Kräutern.
12. Sie zitterte vor Kälte.

18.3 Nennen Sie die Substantive oder Adjektive, die zu den Definitionen passen.

1. short period of time during which a particular type of weather occurs	
2. wind and rain	
3. a valuable metal such as gold	
4. plant whose leaves are used in cooking to add flavour to food	
5. flat, thin and usually green part of a tree	
6. flowers that appear on a tree before the fruit	
7. able to decay or break down naturally; can be thrown away without causing pollution	
8. shine with a sudden bright light	
9. drops of water in the air which form a thick cloud	

18.4 Lesen Sie die folgenden stichwortartigen Länderbeschreibungen und raten Sie, um welches Land es sich handelt.

1 located in Central Europe • bound by the Baltic Sea to the north, Germany to the west • mostly part of the Great European Plain • to the south, the plateau rises to the Carpathian and Sudetes Mountains

2 located in South West Europe occupying the western littoral of the Iberian Peninsula • bound by Spain to the north and east, and the Atlantic Ocean to the south and west • in the northeast the Beira Alta and Tras-os-Montes is a continuation of the Castilian Plateau

3 located in North West Europe • bound by the North Sea to the north and west • largely a delta comprised of silt from the mouths of the Rhine and other rivers • most of the country low and flat except for the southeast • inland area protected by coastal dunes and man-made dykes

4 located in East Central South America • densely forested northern lowlands • the semiarid scrub lands in the northeast • rugged hills and mountains mixed with rolling plains, to the central west and south • 50 % of the land area is covered by forests with the largest forest in the world located in the Amazon River Basin.

5 located in Western Europe • includes various overseas departments and territories • four mountain ranges composed of granite, sandstone or shale (Schiefer) • between the mountains lie undulating floors of lowland corridors

6 located in the Southwest Pacific Ocean • consists of two main islands as well as a number of smaller ones • North Island has a mountainous center with many hot springs and volcanic peaks • South Island is much more mountainous and has some 350 glaciers

7 located in the center of mainland South East Asia • bound by the Andaman Sea to the west, Myanmar to the west and northwest, Laos to the east and northeast, Cambodia to the east • lush and fertile plain on the southeast coast • mountain ranges in the North • central lowland dominated by a river

8 located on the southwestern corner of the Arabian Peninsula • bound by the Red Sea to the west, the Gulf of Aden to the south, Oman to the east and Saudi Arabia to the north • a southern flat and narrow coastal plain and a mountainous interior which rises steeply from the coastal plain and has high plateaux to the north which fade into the largest sand desert in the world • many wadis or seasonal rivers

18.5 **Beschreiben Sie, was Sie bei einer Flugreise über die USA von New York nach Los Angeles an Landschaften sehen. Einige topografische Anhaltspunkte sind vorgegeben.**

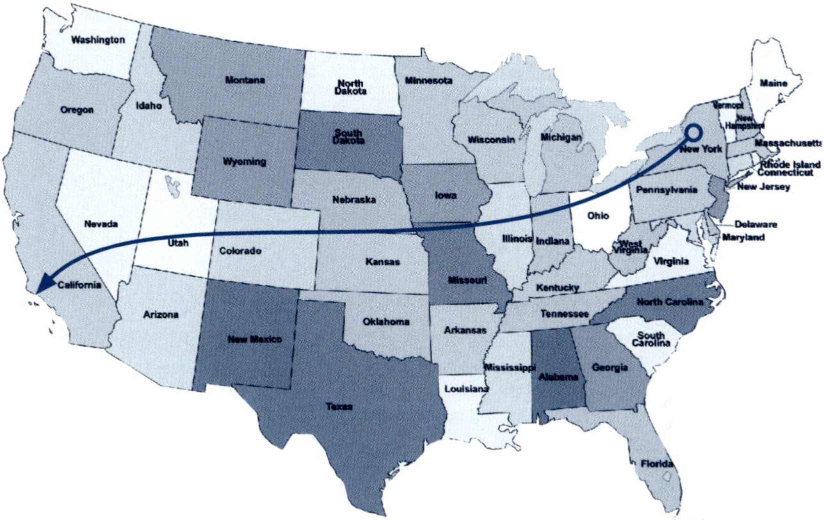

New York ↓ *Appalachian mountains* ↓ *Midwest* ↓ *five Great Lakes* ↓ *Western planes* ↓ *Rocky mountains* ↓ *California* ↓ *Pacific Ocean*	*Slowly we rise into the air over New York. Below us, we see …*

18.6 Sie erhalten folgende Anfrage einer amerikanischen Firma. Verwenden Sie das Internet, um die Anfrage zu beantworten.

Online-Link 519534-0008

From: <w.jones@acme.us> To: <info@firma.de>
Subject: Germany Date: 22-02-2010

Dear Sir or Madam,

I am the Personnel Manager for a large American company. We are planning to open three offices in Germany. These offices will be at Munich, Berlin and Hamburg. Each manager will bring their family with them, and they are likely to stay for three years.
We would appreciate it if you could provide us with information on the weather and climate for each of these three cities and suggest what sort of activities our families will be able to engage in.

Yours sincerely

William F. Jones
Personnel Manager

VII
Politik, Kunst und Kultur

19 Politik und Staat

19.1 Setzen Sie das passende Wort ein. Aber Achtung, es gibt mehr Wortvorgaben als Lücken, denn manchmal haben Sie die Wahl zwischen passenden Begriffen. Versuchen Sie zunächst, die Lücken ohne Hinzunahme der Wortvorgaben zu füllen.

abolish • denied • dropped • for • go to • in • obtained • got • of • powers • proposed • sued • vigorously • adamantly • vehemently • pleaded

1. The separation of ________________ doctrine ensures that each branch of government has separate functions.
2. It is profoundly ________________ the national interest to maintain high-quality teaching programs.
3. The CDU candidate ________________________ chancellor speaks almost obsessively about the importance of education.
4. On May 20 voters ________________ the polls to elect a new President.
5. They remained dedicated to him and ________________ opposed to any attempt by Lincoln to replace him.
6. He ________________________ a motion that would freeze the legislation.
7. We went on the waiting list and ______________ a licence within months.
8. Why was England the first country to ________________________ slavery?
9. He walked from prison yesterday after the prosecution ________________ the charges.
10. She ________________ for damages for the destruction of her privacy.
11. He at first ______________________________ the charges, then eventually ____________________ guilty to 26 specimen offences.

19.2 Übersetzen Sie die folgenden Sätze ins Englische.

1. Den Aborigines wurden Menschenrechte verweigert.
2. Er hatte wieder einmal Schwierigkeiten mit den Behörden.
3. Er war der Sohn eines kleinen *(minor)* Beamten.
4. Er war in dem Ausschuss, der den Watergate-Bericht erarbeitet hat.
5. In einer amtlichen Verlautbarung hieß es, der Premierminister sei erkrankt.
6. Er lehnte es immer ab, über sein Privatleben zu sprechen.
7. Er bat um eine Wahlkampfspende.
8. 1807 wurde die Sklaverei auf dem gesamten britischen Hoheitsgebiet abgeschafft.
9. Er gilt als potentieller Präsidentschaftskandidat.
10. Laut den neuesten Umfragen wird Schumann die Wahl gewinnen.
11. Ein schwaches Regierungshandeln ist im Großbritannien der Nachkriegszeit keine Seltenheit.
12. Der Kongress hat vor kurzem ein Gesetz zur Senkung der Luxussteuer auf Autos um ein Prozent pro Jahr verabschiedet.

19.3 Nennen Sie die Substantive oder Adjektive, die zu den Definitionen passen.

1. marks made by a person's fingers that can be used to identify criminals	
2. formal statement of a new law in Parliament	
3. place where people go to vote in a election	
4. a person who has been accused of breaking the law and is being tried in court	
5. a certain percentage of your income that you have to pay regularly to the government	
6. all the government departments and the people who work in them	
9. a written agreement between countries on such matters as peace or trade	

19.4 Beschreiben Sie auf der Grundlage der folgenden Informationen die Verfassungsorgane der Bundesrepublik Deutschland.

- „Alle Staatsgewalt geht vom Volke aus" ist das demokratische Grundprinzip, das in der Verfassung der Bundesrepublik festgeschrieben ist. Das Volk übt die Staatsgewalt in Wahlen und Abstimmungen aus, indirekt auch durch besondere Organe der Gesetzgebung, der vollziehenden Gewalt und der Rechtsprechung.
- Verfassungsorgane mit vorwiegend legislativen Aufgaben sind Bundestag und Bundesrat. Die Exekutive wird von der Bundesregierung und dem Bundespräsidenten wahrgenommen.
- Der Bundestag wird vom Volk auf vier Jahre gewählt. Die Abgeordneten sind Vertreter des ganzen Volkes, an Aufträge und Weisungen nicht gebunden und nur ihrem Gewissen verantwortlich. Entsprechend ihrer Parteizugehörigkeit schließen sie sich zu Fraktionen oder Gruppen zusammen.
- Der Bundesrat ist die Vertretung der 16 Bundesländer. Er wirkt bei der Gesetzgebung und Verwaltung des Bundes mit. Im Gegensatz etwa zu den USA, die ein Senatssystem mit gewählten Volksvertretern haben, besteht der Bundesrat aus Mitgliedern der Landesregierungen. Mehr als die Hälfte aller Gesetze benötigt die Zustimmung des Bundesrats, vor allem wenn Interessen der Länder berührt werden.
- Die Bundesregierung, auch „Kabinett" genannt, besteht aus dem Bundeskanzler und den Bundesministern. Der Kanzler bildet das Kabinett und entscheidet über die Zahl der Minister. Das deutsche Regierungssystem wird auch häufig als „Kanzlerdemokratie" bezeichnet, denn der Bundeskanzler ist das einzige vom Parlament gewählte Kabinettsmitglied und er allein ist ihm verantwortlich.

19.5 Tragen Sie Vokabular zum Thema *politics* im Hinblick auf den britischen und amerikanischen Kontext zusammen. Benennen Sie die politischen Parteien und einige Ministerien beider Länder. Sammeln Sie auch Vokabular zum allgemeinen politischen Geschehen.

20.1 Stellen Sie Kernvokabular zum Thema Musik zusammen.
Mögliche Kategorien könnten sein: *genres, instruments, activities*.

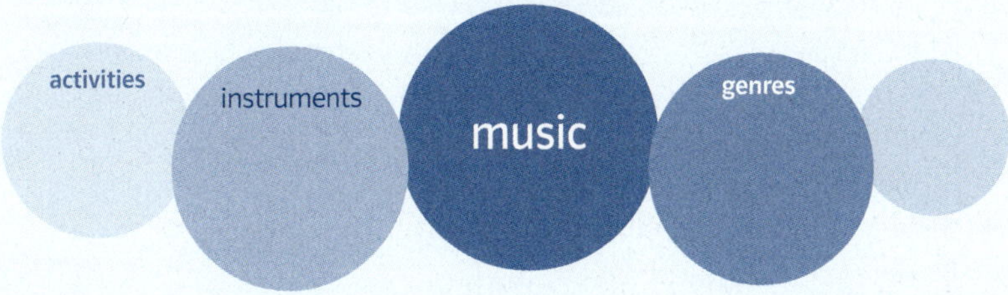

20.2 Übersetzen Sie folgende Sätze.

1. Thomas kannte sich mit zeitgenössischer Kunst und Architektur aus.
2. Darüber hinaus gab es noch die Ausstellung symbolischer Gegenstände.
3. Der Altar muss der Größe der Kirche angepasst sein.
   (verwenden Sie *in proportion to*)
4. Dann legte Renate den Pinsel aus der Hand.
5. Die Fälschung blieb nicht unbemerkt.
6. Sie arbeiten nur an Skulpturen oder in Pastell.
7. Ihre Kinder sollten Noten lesen und ein Instrument spielen können.
8. Ihre Kinder stimmten mit ihr ein.
9. Es hörte sich alles recht schief an.
10. Er wurde von seiner Mutter unterrichtet, die ihn Tonleitern spielen ließ.
11. Dasselbe Merkmal lässt Männerstimmen tief klingen.
12. Diese Musik besteht nur aus drei Akkorden.

20.3 Vervollständigen Sie die folgenden Sätze. Versuchen Sie zunächst, die Lücken ohne Hinzunahme der Wortvorgaben zu füllen.

connotation • *create* • *final* • *flaw* • *from* • *licence* • *masterpiece* • *much* • *on* • *playwright* • *relief* • *symbol* • *takes* • *tremendous*

1. It has had a ____________________ influence on Christian theology.
2. La Gioconda is Leonardo's ____________________.
3. Paula had never been ____________________ of a reader.
4. The committee approved the ____________________ draft of the article.
5. Most of this material was translated ____________________ the Danish.
6. This novel is a humorous satire ____________________ military bureaucracy.
7. Poetic ____________________ allows the poet to take liberties with language.
8. It reveals the tragic ____________________ in the character of Othello.
9. Shakespeare was the world's greatest ____________________.
10. This episode provides comic ____________________ in the play.
11. Most of the action ____________________ place in London.
12. What techniques does he use to ____________________ suspense?
13. The lamb is a ____________________ of vulnerability.
14. Even seemingly negative phrases had a positive ____________________.

20.4 **Zählbar oder unzählbar? Ordnen Sie folgende Substantive den Kategorien *„zählbar"* bzw. *„unzählbar"* zu. Bedenken Sie dabei auch Bedeutungsunterschiede. Einige Wörter müssen in beiden Spalten erscheinen.**

music • *melody* • *humour* • *work* • *drawing* • *painting* • *irony* • *contrast* • *myth* • *romanticism* • *harmony* • *jazz* • *tune* • *draft* • *prose* • *pitch*

uncountable	countable

20.5 **Verfassen Sie eine Rezension zu einem Ihrer Lieblingsbücher und verwenden Sie möglichst viel "Fachvokabular".**

vividly realized characters
style
fiction
realism
contemporary
prose
poetry
capitvating novel
subject
exquisitely written
fine-grained narrative

21 Religion und Geschichte

21.1 Übersetzen Sie folgende Sätze ins Englische.

1. Während seiner Haftzeit trat er zum christlichen Glauben über.
2. Sie hat Gottvertrauen.
3. Sie sind als Pilger dort und wollen ihr Gebet sprechen.
4. Ich habe keine Zeit, mir eine Predigt anzuhören, verstanden?
5. Der Bauer sagte ihnen, er habe sie verhext.
6. Es war fast so, als handelte es sich um einen alten Zauberspruch.
7. Seine Wurzeln sollen in den heidnischen Bräuchen der Kelten liegen.
8. Vier Städte haben die Opferung von Tieren verboten.
9. Ich werde dir deine Zukunft vorhersagen.
10. Experten machen Gebrauch von statistischen und persönlichen Daten, um ihre Voraussagen verlässlicher zu machen.

21.2 Ordnen Sie die deutschen Wörter ihren englischen Entsprechungen zu.

Pfarrer	sense	**Sünde**
	vicar	
Sinn	crusty	**Vikar**
	curate	
kross	cross	**Kreuz**
	sin	

21.3 Zählbar oder unzählbar? Ordnen Sie folge Substantive den Kategorien *„zählbar"* bzw. *„unzählbar"* zu.

evil • grace • heaven • soul • good • custom • charity • morals • paradise • hell • Christianity • gospel • religion • faith • belief • atheism • grace • fortune • sacrifice • fate • creation • slavery • civilization • tradition

uncountable	countable

21.4 Geschichtsquiz – beantworten Sie die folgenden Fragen:

1. Number the prehistoric men from oldest **1** to youngest **4**.
   - ☐ Homo sapiens
   - ☐ Homo erectus
   - ☐ Homo sapiens sapiens
   - ☐ Homo habilis

2. What was adopted by the "Second Continental Congress" on July 4, 1776?

   ____

3. Who were the first members of the *Commonwealth of Nations*?

   ____

4. Who said "A man may die, nations may rise and fall, but an idea lives on."
   - ☐ Margaret Thatcher
   - ☐ John F. Kennedy
   - ☐ George Washington
   - ☐ Gaius Julius Caesar

5. Number the following events chronologically.
   - ☐ Cold war
   - ☐ Cuban missile crisis
   - ☐ John F. Kennedy
   - ☐ Little Rock / Desegregation

6. What is the name of the act that was introduced in 2002 in the aftermath of the terrorist attacks on September 11, 2001.

   ____

VIII
Farben und Messbares

Raum und Zeit 22

22.1 Setzen Sie das passende Wort ein. Versuchen Sie zunächst, die Lücken ohne Hinzunahme der Wortvorgaben zu füllen.

age • *aside* • *external* • *for* • *leap* • *spaces* • *sudden* • *tomorrow* • *turn*

1. New York's parks and green ____________________ provide plenty of scope for sports and recreation.
2. You want to take a right ________________________ after the traffic lights.
3. I stepped ________________________ to let him in.
4. You're going to be late __________________ school.
5. 2008 was a ______________________________ year.
6. Neanderthal man lived in the stone ______________________.
7. The concert will take place the day after __________________.
8. Headteachers have to be sensitive to _____________________ and unpredictable changes in their schools.
9. These herbs are for _______________________ use on the skin.

22.2 Ergänzen Sie den fehlenden Begriff in der Reihe.

1. year ▸ ____ ▸ century ▸ millenium
2. in the morning ▸ ______________________________ ▸ in the afternoon ▸ in the evening
3. ____ ▸ yesterday ▸ today ▸ tomorrow ▸ the day after tomorrow

22.3 Übersetzen Sie folgende Sätze ins Englische.

1. Er saß an seinem Lieblingsplatz am Fenster.
2. Was wir brauchen sind Parkplätze, von denen das Stadtzentrum zu Fuß erreichbar ist.
3. Mobilfunkmasten sollten in abgelegenen Gebieten außerhalb von Städten oder Dörfern aufgestellt *(located)* werden.
4. New York und Boston sind 200 Meilen voneinander entfernt, aber philosophisch noch weiter auseinander.
5. Meine Verbindungen erstrecken sich über den halben Kontinent.
6. Glücklicherweise wache ich immer gerade rechtzeitig auf, um an meiner Haltestelle auszusteigen.
7. In einer Woche wird der Zyklus neu starten.
8. Vorgestern Nacht war ich bis fünf Uhr morgens auf.

22.4 Wie lautet das Gegenteil?

1. there ↔ ____________________
2. nowhere ↔ ____________________
3. in range ↔ ____________________
4. close / nearby ↔ ____________________
5. early ↔ ____________________
6. short / brief ↔ ____________________
7. temporary ↔ ____________________
8. often ↔ ____________________

Farben und Formen 23

23.1 **Benennen Sie die folgenden geometrischen Formen. Fügen Sie auch das passende Adjektiv hinzu.**

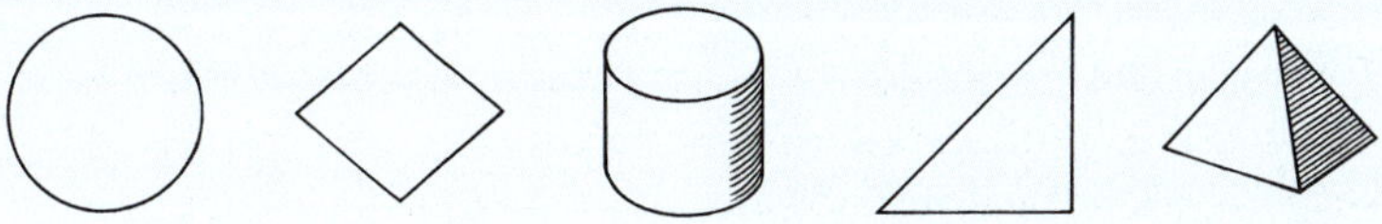

____________ ____________ ____________ ____________ ____________

____________ ____________ ____________ ____________ ____________

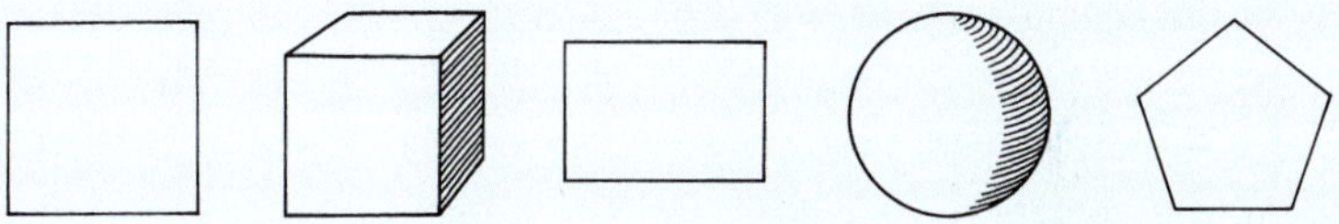

____________ ____________ ____________ ____________ ____________

____________ ____________ ____________ ____________ ____________

23.2 **Vervollständigen Sie die Sätze. Versuchen Sie zunächst, die Lücken ohne Hinzunahme der Wortvorgaben zu füllen.**

> *circle* • *cylinder* • *diamond* • *edge* • *geometrical* • *in* •
> *is* • *pale* • *square* • *to* • *turns*

1. I sat down on the ______________________ of his bed.
2. He has one ______________ blue eye that frightens me.
3. The lady was dressed ______________________ black.
4. A fractal, in computing, is a ______________________ figure which has fractional dimension.
5. The carpet ______________ a wonderful greenish colour.

6. In the evenings the sea ________________ a sparkling silver.

7. The roots run parallel ______________________ the surface.

8. It was triangular ______________________________ shape.

9. The area had increased to 40 ______________________ feet.

10. A baseball field is shaped like a _______________________.

11. A ___________________________ is a solid object with two identical flat circular or elliptical ends and one curved side.

12. You use compasses to draw a _______________________.

23.3 Übersetzen Sie die folgenden Sätze.

1. Sie sind normalerweise von einer grünlichen Farbe.
2. Die Abtei hatte die Form eines Kreuzes, dessen oberer Teil *(head)* nach Osten zeigt.
3. Er leistete seine Unterschrift. (= er unterschrieb auf der punktierten Linie)
4. Das Feld neigt sich *(to slope)* in einem Winkel von 7 Grad von Ost nach West.
5. Die Grenze des Landes ähnelt einem gleichseitigen *(equilateral)* Dreieck.
6. Vom Bergkamm *(ridge)* zum Tal bildet Wasser immer eine flache S-Kurve und keine Gerade.
7. Bildet bitte einen Kreis.
8. Er fiel praktisch senkrecht vom Himmel.

Mengen und Maße 24

24.1 Übersetzen Sie folgende Sätze ins Englische.

1. Der Kreis ist nach den genauen Maßen von Stonehenge gebaut.
2. Ein solches Projekt verschlingt *(eat up)* Milliarden von Euro.
3. Ich habe versucht, den Rucksack auf einer normalen Personenwaage zu wiegen.
4. Rühren Sie die Kokosnussmilch und die gleiche Menge an Wasser unter.
5. Damit beläuft sich *(this brings)* die Gesamtzahl an Mitarbeitern auf 170.
6. Er tanzte ganz allein auf seiner eigenen Bühne.
7. Die Hälfte meiner Freunde sind schwul.
8. Er kennt eine ganze Menge Tricks.
9. Frau Maier kann nicht gut mit Zahlen umgehen.
10. Nach den neuesten Zahlen gibt es mehr als 12.000 Unfälle pro Jahr.
11. Hier in Deutschland weiß die Öffentlichkeit wenig über seine internationale Karriere.
12. Es gibt Tage, an denen ich nur halb wach bin.

24.2 Finden Sie Antonyme oder Synonyme.

1. heavy ≠ ______
2. enough = ______
3. whole = ______
4. a pile of = ______
5. 12 = ______
6. everything ≠ ______
7. divide ≠ ______
8. exactly ≠ ______
9. precise = ______
10. less ≠ ______

24.3 Ergänzen Sie den fehlenden Begriff.

1. little ▶ less ▶ ____________________
2. ____________________ ▶ more ▶ most
3. inch ▶ ____________________ ▶ ____________________ ▶ mile
4. pint ▶ ____________________

24.4 Ergänzen Sie wie im Muster das passende Substantiv.

1. long ▶ length
2. high ▶ ____________________
3. deep ▶ ____________________
4. wide ▶ ____________________
5. weigh ▶ ____________________

24.5 Kreuzen Sie die richtige Entsprechung an.

1. 2.8
   - ☐ two point eight
   - ☐ two dot eight
   - ☐ two comma eight
   - ☐ two eight

2. 3 %
   - ☐ 3 percent
   - ☐ 3 procent
   - ☐ 3 pro cent
   - ☐ 3 per cent

3. 1 inch =
   - ☐ 0.53 cm
   - ☐ 2.54 cm
   - ☐ 6.98 cm
   - ☐ 8.65 cm

4. one billion $
   - ☐ 1,000,000 $
   - ☐ 1,000,000,000 $
   - ☐ 1,000,000,000,000 $
   - ☐ 1,000,000,000,000,000 $

IX
Allgemeine Begriffe und Strukturen

25 Allgemeine Begriffe und Funktionswörter

25.1 Übersetzen Sie die folgenden Sätze ins Englische.

1. Die Situation auf dem Arbeitsmarkt bessert sich.
2. Das Kunstzentrum ist das Größte seiner Art außerhalb Londons.
3. 1986 brachte er Mates auf den Markt, eine Kondommarke, bei der der Gewinn für wohltätige Zwecke gespendet wird.
4. Das ist typisch für Deutsche!
5. Die potentiellen Kandidaten können in drei Kategorien aufgeteilt werden.
6. Der Preis für ein Handy unterscheidet sich von Unternehmen zu Unternehmen.
7. Das Wort „lettore" entspricht dem deutschen „Lektor".
8. Bringen Sie die folgenden Wörter in die richtige Reihenfolge.
9. Letzerer gehört dem Herzog von Kent.
10. Man sollte Ursache und Wirkung nicht verwechseln.
11. Einige Industrien üben großen Einfluss auf das Klima aus.

25.2 Finden Sie Synonyme oder Antonyme.

1. sort of = ______________________

2. essential = ______________________

3. main = principal = ______________________

4. they are similar = they are ______________________

5. enormous = ______________________

6. significant = ______________________

7. uncommon = ______________________

8. peculiar = ______________________

9. excellent = ______________________

10. easy = ______________________ ≠ complicated = complex = difficult

11. unknown ≠ ______________________ = ______________________

12. general = ______________________

13. specific = ______________________

14. concrete ≠ ______________________

15. ______________________ ≠ extraordinary = remarkable = outstanding = incredible

16. handy = ______________________

17. ______________________ ≠ false = artificial = ______________________

18. hardly = ______________________

19. fairly = pretty = ______________________

25.3 Übersetzen Sie die folgenden Sätze ins Englische.

1. Ich wollte diesen drei Jungen nicht allein gegenübertreten *(= confront)*.
2. Niemand bezahlt mehr seine Fernsehgebühren, oder?
3. Egal, welche Farbe du wählst, es sieht blöd aus.
4. Sie war die erste wirkliche Amerikanerin und als solche die Mutter kommender Generationen.
5. Wenn einer der beiden Partner unzufrieden ist, kann das Verhältnis aufgelöst werden.
6. Du solltest besser deine Hausaufgaben machen, es sei denn, du willst eine schlechte Note.
7. Jetzt, wo wir wieder in Deutschland leben, verlerne ich mein Englisch.
8. Ansonsten geht es mir gut; nur habe ich eine fürchterliche Angst vor Terroranschlägen.
9. Ich kenne viele Einwanderer, deren Eltern aus der Türkei stammen.
10. Wenn man bedenkt, dass er schon 45 ist, ist er verdammt gut erhalten *(= well preserved)*.
11. Irgendein Idiot hat den Fernseher angelassen.
12. Wenn Du erstmal das Vertrauen verloren hast, kannst Du es nie mehr wiederbekommen.

Lösungen

Der Lösungsteil enthält eindeutige Lösungen sowie – abhängig vom Aufgabentyp – Musterlösungen, die als solche gekennzeichnet sind. Zu den Übersetzungsübungen finden Sie eindeutige Lösungen, die zum Teil Varianten enthalten. Bitte beachten Sie jedoch, dass auch abweichende Formulierungen korrekt sein können.

In einigen Lösungen finden Sie blaue Markierungen. Diese weisen auf Wortschatz und Strukturen hin, bei denen es häufig zu Fehlern kommt.

I Der Mensch

1 Personalien

1.1 Hier ist die Lösung natürlich individuell. Folgende Informationen sollten Sie angeben:

Vorname • Nachname • Mädchenname (Geburtsname) • Adresse • Telefon: tagsüber, abends, zu Hause, bei der Arbeit • Beruf • Nationalität • Alter • Geburtsdatum • Geburtsort • Familienstand: ledig, verheiratet, geschieden, verwitwet • Unterschrift

1.2

a) Russia • Lithuania • Belarus / Belorussia • Ukraine • Slovakia • the Czech Republic • Germany
b) Hungary • Austria • Italy • France • Spain
c) Greece • Macedonia • Serbia • Hungary • Slovakia • Germany • Denmark
d) a Finn • a New Zealander • a Spaniard • three Swedes • a group of Turks • the Danes / the Danish

2 Der Mensch und sein Körper

2.1

seeing	glance, near-sighted, see, stare
hearing	deafness, quiet
taste	salty, aromatic
touch	pat, smooth
smell	scent, stinking, aromatic

2.2 Jede Beschreibung ist natürlich individuell. Aber Ihre Antworten sollten folgenden Mustern nahekommen:

1. This slim and tall woman has long dark hair and poses relaxed for the camera. She is wearing dark, tight jeans, a dark tank top, and dark, high-heeled boots. As accessories she is wearing a light-coloured scarf and a long necklace with a big pendant.
2. The elderly man in the picture has a friendly, round face. He has laughter-lines around his bright eyes and a receding hairline. He is probably somewhere in his fifties or sixties. He is looking directly into the camera from above his reading glasses and is sporting a happy smile.

3. This photo shows a rather stout young man. He is sitting on a high stool. A big roll of fat is hanging over his waistband. His left elbow is resting on his left thigh, while his chin is resting on his left fist. His right arm is loosely resting on his right thigh. He has short cropped hair and is going bald at the temples. His large ears are sticking out.
4. This picture shows a young, slim woman in her twenties. She has short blond hair, which just about covers her ears, a large mouth, and her eyes are elaborately done. She is wearing a dark jumper with a low round neckline.
5. This detail shows the eye area of a younger woman. She has large eyes, plucked eyebrows and a brow piercing over her right eye. She paints her eyelashes. As far as one can tell from the photo, her many freckles still give her a natural look.

2.3

1. get • 2. dead • 3. deeply (auch möglich: in) • 4. well • 5. by • 6. keep • 7. smooth • 8. at • 9. in, in • 10. in(to), fell • 11. had • 12. artificial • 13. go on, on

2.4

smooth	cheek, chin, flesh, shape
handsome	face, lad, man, salary, villa
attractive	appearance, blonde, colour, girl, man, personality
rough	cotton, rock, sea, skin, wool
curly	moustache, tail, hair
beautiful	beach, bride, baby, scent, singing

2.5

1. He had a healthy complexion. / He had a healthy colour in his face.
2. Vanessa Mae has [got] looks (*auch*: a pretty face) and comes from a sophisticated background.
3. He has a thick neck and a broad back.
4. She chewed on a piece of [chewing] gum.

Achtung: *gum* ist ein unzählbares Substantiv.

5. She sucked the blood out of the wound.
6. He slammed the door in her face.
7. I trembled with excitement.
8. I had seen her in the cemetery.

9. He died in London at the age of 86.
Achtung: Ortsbestimmung vor Zeitbestimmung!
10. She almost died at birth from asphyxiation.
Sie wäre bei ihrer Geburt fast an Erstickung [*asphyxiation*] gestorben.

2.6 Musterlösung

The heart is the organ in our chest that pumps the blood around our body.
The liver processes our blood and helps to clean unwanted substances out of it.
The kidneys take waste matter from our blood and send it out of our body as urine.
The lungs are the two organs inside our chest which fill with air when we breathe.
The intestines are the tubes in our body which food passes through when it has left the stomach.
Arteries are the tubes in our body which carry blood from the heart to the rest of our body.

2.7 Musterlösung

mother at 20: e.g. sexy young girl, slim, with a lovely figure, great suntan
mother at 50: e.g. grey hair (*or* dyes her hair), a bit overweight, pale but no wrinkles
father at 20: e.g. handsome young man, broad shoulders, slim
father at 50: e.g. a bit overweight, going bald (receding hair/hairline), a few wrinkles

2.8 Musterlösung

He has brains. (= he is smart / intelligent). • My brain is always moving fast, but now my body is also moving with more energy.
I loved the guy for his guts. (= Mut) • She hit him in the gut (= stomach) • These bacteria find a niche in the gut. (= intestines).
She's got the looks to be a model. (= Sie sieht so gut aus, dass sie ein Model sein könnte.) • the military look (= der Militär-Look) • take a look at this (= sieh dir das an)
I can really feel the spirit of this place. • the holy spirit • It was great to be back and my spirits rose. (= meine Stimmung stieg)

2.9

Die Lösung ist natürlich ganz individuell. Überprüfen Sie, ob Sie relevantes Vokabular aus dem Text-„Steinbruch" verwendet haben.

2.10 Why should you get to know *hideaway girl*?

I've been described as quirky and kooky. I'm not sure whether there's much difference between those two terms; I'm not a bookish person and I'm too lazy to look up words in a dictionary. Sometimes I have ideas that are a bit off the wall, but I'm not a complete nutcase. I'm very feminine and I love trendy clothes and full make-up and sometimes I have my hair dyed red or green.

I'm very enterprising and I love travelling to new places (I've visited some awesome places in France, Portugal and Brazil), meeting new people and having new experiences. In fact I like everything that's new as long as it's not unpleasant. I'm the sort of girl who'll try anything once as long as there aren't too many risks involved. I don't care much for booze and I absolutely loathe drugs.

I love French films and alternative rock, and I enjoy dancing too. Sometimes I dance all night. I'm not going to list the names of all my favourite clubs but the Hideaway on Junction Road is definitely number one!

She describes her ideal match thus:

I think it's about time I got down to the real nitty-gritty. I'll have to try and describe the sort of guy I'd like to meet. I like visually pleasing young or older guys (preferably Latin lovers) who have a sense of humour, a laid-back attitude to life and some romantic yearnings. I'd like to marry a guy who's more intelligent than I am, since I enjoy learning new things. That's all. I've run out of ideas so I'll just stop here, hope for the best and prepare for the worst.

3 Gesundheit und Krankheit

3.1

1. You've got a cold. • 2. You've got hay fever. • 3. You suffer from anorexia. / You are anorexic. • 4. You have mumps. • 5. You have an upset stomach. • 6. You have pneumonia. • 7. You have measles / rubella.

3.2

1. This is usually due to the poor / bad diet of the mother.
2. His health has improved enormously.
3. He took to fizzy drinks (BE) / soft drinks, which gave him a stomach ulcer. (N.B. give sb an ulcer)
4. The foot I bruised last week is sore again / is hurting again.
5. How did you get that bump on your forehead?

6. He ruptured the tendon in his knee-cap and was in a cast from his ankle to his waist for three months.
7. Recalling the trauma made her go into shock / sent her into shock.
8. Her left eye was badly swollen.
9. He broke down under the pressure.
10. They are [being] tested for drugs.
11. He was given a cortisone injection for hay fever.
12. He suggested a new remedy for depression.
13. Antibiotics are often prescribed for mild infections.

3.3

1. full • 2. in, in • 3. kick • 4. on • 5. took • 6. for • 7. heavy • 8. do, take • 9. withdrawal
10. surgery • 11. highly

3.4 Musterlösung

Be careful – AIDS can catch you!

AIDS is short for acquired immune deficiency syndrome. AIDS is a killer disease that slowly destroys your immune system. When you develop AIDS you are no longer able to fight off illnesses. Adopt safe sex practices: the best way to avoid AIDS is to have a permanent sexual partner rather than sleeping around; promiscuity poses a real threat. If you still want to have sex with several people, make sure you use a condom. Drug users should avoid reusing a dirty needle.

3.5

1. headache; pains • 2. aching • 3. pain(s) • 4. faint / pass out • 5. swollen
6. ache • 7. pain

3.6

Verbs	Nouns	Adjectives
to infect	infection	infectious
–	pain	painful
to ache	ache	aching
to treat	treatment	–
to cure	cure	(in)curable
to breathe	breath	breathless
to recover	recovery	–

3.7

countable: eating disorder, ulcer, stroke, rash

uncountable: flu, measles, anorexia, fever
both, countable and uncountable: cancer, earache (im BE; im AE unzählbar), toothache (im BE; im AE unzählbar), headache

3.8

1. a • 2. –, a • 3. a • 4. – *oder* the • 5. – • 6. a • 7. –

1. He had a bad dose of [the] flu. / He had [the] flu badly.
2. The smell alone is enough to bring on an attack of hay fever.
3. He had tonsillitis several times.

3.9 Kernvokabular: Podcast - Being a doctor

be/become a doctor • hospital, patient • ward • operation • medical skills • communication skills • to train for six years • bookwork • experience on the wards • working with patients • looking at surgery, dermatology, different specialties • training job • junior doctor • senior level • consultant in a hospital • it is a very varied job • the sort of medicine one does • to have some little result • to have little successes everyday • see progress • to be constantly achieving sth • it's quite rewarding • smelly feet • to stand on your feet for quite a long time • to work late in the evenings • we tend to work very hard actually • to put patients at their ease • to come to see a doctor • to take a different approach depending on sb/sth • sth that is reassuring for sb • medicine • disease • to be operating • family doctor • cancer doctor • dermatologist • to cover a specialty • specialty societies • medical director • to be notorious for sth • to look after your health

3.10 Die Lösungen hängen von Ihrer Textauswahl ab!

3.11

1. appendicitis • 2. carditis • 3. laryngitis • 4. dermatitis • 5. gingivitis • 6. arthritis

4 Gefühle und Verhalten

4.1

1. about • 2. bad • 3. cope with • 4. thick • 5. of • 6. about • 7. took • 8. quite • 9. fly into • 10. bad • 11. about • 12. madly

4.2 Die Lösungen sind natürlich sehr individuell, aber folgendes Vokabular könnte dabei interessant sein:

a) You've just won the lottery:
extremely happy • jumping / dancing / singing for joy • ecstatic

b) You've failed the driving test for the second time:
deeply / desperately disappointed • desperate, in despair • (extremely) angry • furious

c) You are falling in love:
nervous • (wildly) excited (overexcited) • hectic • daydreaming • blind

4.3

1. He had a strange feeling that he may / might never see her again.
2. This time I'll get my wish.
3. She had resisted the strong desire / urge to go to London.
4. She was not very keen on being photographed.
5. She makes me nervous.
6. He wondered what she could possibly be so upset about.
7. She screamed in terror when she saw him.
8. It was a delight to have you with us.

4.4

appeal	have, hold, lose, extend, widen
prejudice	have, hold, express, feed, overcome
contempt	feel, develop, treat with
worry	be out of one's mind with, arouse, add to, share
tension	cause, create, relieve, release

4.5 Die Lösungen sind natürlich sehr individuell, aber folgendes Vokabular könnte dabei interessant sein:

The past three days have been filled with ups and downs. I've been trying to keep a positive attitude, but haven't really been doing a good job at it. On Monday I spent hours talking to my best friend and laughing at the stupidest things. I really enjoyed that evening. From Tuesday everything went downhill. First I lost my wallet. That's one of the most frustrating experiences one can have. It's as if you lose your entire identity. Then my boyfriend dumped me by text …

II Alltag

5 Ernährung

5.1 1. impose • 2. put • 3. start • 4. pass • 5. pour • 6. leftovers

5.2 1. Lebensmittel in Dosen / Konserven • 2. crisps • 3. cookie • 4. mince(d) meat / ground meat • 5. broil • 6. candy • 7. lay the table

5.1.3 Musterlösungen – vielleicht ist Ihnen noch viel mehr eingefallen!
Obst – fruit: pear • lemon • apple • orange • grapefruit • banana • cherry • strawberry • raspberry
Gemüse – vegetables: salad • rice • potato • beans • carrot • cabbage • lettuce • tomato • cucumber • onion • mushroom
Frühstück – breakfast: bacon • eggs • ham • sausages • rolls • jam • toast • milk • coffee • bread • cheese • cereal • cornflakes

5.4
1. a slice/piece/loaf of bread 2. a bag of chips/crisps 3. a can/tin of beans 4. a bar/piece of chocolate 5. a box of chocolates 6. a jar of jam 7. a cup/pot of coffee 8. a barrel of wine/beer

5.5
1. Teelöffel • 2. Untertasse • 3. Messer • 4. Deckel • 5. Topf • 6. Tablett • 7. Pfanne • 8. Teller • 9. Gabel • 10. Schüssel • 11. Esslöffel

5.6
a) Musterlösung
positive: delicious • wonderful • tasty • fantastic • extraordinary • …
negative: awful • terrible • disgusting • revolting • …
b) Musterlösung: spicy • sour • sweet • hot • bitter • dry • salty • mild

5.7
1. The meat's off / gone off / gone bad.
2. The health food business is booming.
3. The supermarket chain [has] cut its pork prices by up to 30 per cent.
4. These animals have very lean meat.
5. Paula could never tell bottled water from tab water. / Paula could never tell the difference between bottled water and tap water.
6. We also have local draught beer.
7. Blend the flour with two spoons of cold water.

8. The girls came every day to peel potatoes.
9. Season the gravy with a dash of curry powder.
10. The restaurant serves generous portions of excellent food.
11. I can't afford to eat out.
12. She sipped at her drink and sighed.

6 Kleidung und Accessoires

6.1 Musterlösung

fibres: cotton • wool • leather • silk • linen • nylon • polyester
clothes: shirt • blouse • skirt • pants • trousers • (leather/suit) jacket • raincoat • dress • tie • waistcoat/vest • T-shirt • sweatshirt • sweater • cardigan • jeans • belt • coat • cap • hat • shorts • leggings • tights • socks • stockings • gloves • shoes • (leather/rubber) • boots • high heels • trainers/sneakers • underwear • slip • bra • nightdress • pyjamas • swimsuit • trunks

6.2

Get dressed.
Dress in black.
Unfasten / Undo the buttons.
Do up your zip(per). Undo your zip(per).
They must wear evening dress.
Tie your shoelaces.
He wore a tie.

6.3

1. schick • 2. zipper • 3. vest • 4. trainers • 5. underpants • 6. vest

6.4

1. This brand is of poor quality.
2. Miniskirts are back in fashion.
3. Bow ties have long been out of fashion.
4. He gave him a change of clothes.
5. They ran off with all their valuables.
6. She had a tramp stamp (*auch*: arse antlers) tattooed on her back. /
   She had a lower back tattoo on her back.

7 Einkaufen

7.1 Die Antworten sind natürlich sehr individuell, aber vielleicht haben Sie ähnliche Punkte notiert:

What I like to shop for …	What I would never buy …
1. groceries	1. DIY-stuff
2. shoes	2. knitting materials
3. clothes	3. second-hand clothes
4. …	4. …

What makes me happy when I go shopping …	What drives me crazy when I go shopping …
1. sales	1. overpriced items
2. friendly assistants	2. cash only checkouts
3. good quality	3. queuing up
4. …	4. …

7.2

1. store • 2. carrier bag/shopping bag • 3. (shopping) cart

7.3

1. Investors are in the market for capital gains.
2. Customers will be allowed to shop / look around for the best deal on electricity.
3. Lisa has been a regular customer for many years.
4. Are you being served?
5. Many schools have self-service cafeterias.
6. He is training to be a salesperson / shop assistant.
7. I shop at the butcher's every day.
8. He has set up [in business] on his own. / He has set up a business of his own.
9. This is what I bought in the summer sales.
10. There is a ten per cent discount on used cars.
11. 20% off all household articles / goods.
12. The trousers go well with your blouse.
13. You shouldn't waste any money on such rubbish.
14. The total of your purchase comes to 3000 €.
15. I would like / want a refund.

8 Wohnen

8.1 Musterlösung - sicherlich sind Ihnen noch weitere Begriffe eingefallen.

Living room

Gegenstände: coffee table • tablecloth • armchair • chair • sofa • couch • cushion • (book)shelf • carpet • wallpaper • curtain • picture • fireplace • clock • vase • ashtray • radiator

Handlungen: decorate • sit at the table • turn on/off the TV • turn the heating up/down

Bathroom:

Gegenstände: toilet • washbasin • tap/faucet • cold-water/hot-water tap/faucet • mirror • towel • bath/bathtub

Handlungen: clean the bathroom • do the washing/do the laundry • turn the tap/faucet on/off • flush the toilet

Bedroom

Gegenstände: a single bed • a double bed • mattress • pillow • pillowcase • blanket • quilt • bedclothes • bedside rug • alarm clock • wardrobe (drawers)

Handlungen: make the bed • change the sheets • set the alarm for … • the alarm goes off at…

Kitchen

Gegenstände: a fitted kitchen/a built-in kitchen • sink • fridge • oven • electric/gas stove/cooker • freezer • toaster • microwave • dishwasher • cupboard • china • tea towel/dish towel • duster • broom • vacuum cleaner

Handlungen: run the dishwasher • vacuum • sweep the floor • polish the floor • make a mess • clear up the table • dust off the table • do the dishes • wash (up) the dishes • dry the dishes

8.2

1. porch • 2. terrace • 3. Erdgeschoss • 4. ground floor • 5. Fahrstuhl / Aufzug • 6. elevator • 7. apartment building • 8. block of flats • 9. Doppelhaushälfte • 10. duplex (house) • 11. Reihenhaus • 12. terraced house • 13. condominium • 14. owner-occupied flat • 15. möbliertes Zimmer • 16. rented room • 17. Einbauküche • 18. fitted kitchen • 19. Kleiderschrank • 20. clothes cupboard • 21. Müll • 22. rubbish • 23. Herd • 24. stove • 25. flashlight • 26. torch

8.3 Musterlösung

a) End of terrace set in quiet cul-de-sac • 2 bedrooms upstairs with family bathroom/WC • kitchen • dining room • lounge • downstairs guest WC • rear garden • balcony and terrace • close to M1 • 5 mins drive from town centre • local bus route • no smokers or pets

b) German exchange student (25, non-smoker) is looking for a bedsit in or near Durham for six months (March – October). Maximum rent: 600 £ a month.

8.4

1. A couple has been evicted from their rented home after the property owner failed to pay the mortgage.
2. He was appointed to protect elderly tenants at the housing complex.
3. They are going to sell their site (auch: plot (of land) / estate) in Bradford.
4. No house – whether made of concrete, brick or wood – can be completely fireproof.
5. This had a dramatic effect on the use of solid timber.
6. The inside walls had been painted orange.
7. They went to the toilet / used the toilet on the top floor.
8. A black Ford Focus car stood in the driveway.
9. They eventually bought a weekend cottage in Kent.
10. He wants to let (out / rent out) his flat at a later date.
11. Sarah's house is for sale on the web / internet.
12. He is still the landlord of three pubs.

9 Zusammenleben

9.1 Hier sind einige Vorschläge, was in die Bereich passen könnte, aber sicherlich haben Sie noch eine Menge anderer Begriffe gefunden:

Family and private life	Social structures	Social behaviour
family	society	meet
relatives	people	get together
ancestor	generation	friendship
couple	minority	contribute
wedding	race	share
husband, wife, daughter	rich, wealthy	join
son, grandparents	well-off, fortunate	support
widow, widower	poor, poverty	
mother-in-law,	nation	
father-in-law	income	
marriage, break off,	age group, peer	
separate, leave, divorce		
adopt		

9.2

1. We've always wanted to start a family.
2. Women were expected to marry and bring up / rear children.
3. Marcus is himself an only child.
4. His elder brother died tragically when he was only 11.

5. I am distantly related to his daughter-in-law.
6. Toby and Yvonne got engaged two months ago.
7. Lisa, will you marry me?
8. This goes for / applies to singles as well as married couples.
9. She and her husband cared for her mother-in-law.
10. I have recently moved in with my boyfriend.
11. Christian recently split up with his fiancée.
12. She told him she was leaving and that she wanted a divorce.

9.3

1. This represents a significant social change in Welsh life.
2. Their social background is so different.
3. It's the educational background of the candidate that should be taken into account.
4. The generation gap can be quite problematic.
5. Professor Sidney is a native of Athens.
6. They were charged for illegal entry into the US.
7. That is likely to hit the well-off hardest.
8. Almost 70% of the population remains / lives beneath the poverty line.
9. Many children in Africa starve to death.
10. Some families have to get by on less than £80 a week.
11. This project sends people on welfare back to school.
12. They helped build the international labour movement.

9.4

1. He has always stayed in contact with his brother.
2. Ricky tried to chat up / hit on (AE) our female staff.
3. The four of them have a genuine mutual affection.
4. I ran into Norma in the pub.
5. She's a very close friend of our family.
6. I did not only do it out of friendship.
7. There were students who had not done their fair share of the project work.
8. Can someone give me a hand, please?
9. We will be holding a sale in aid of sick children.
10. I go through my things and give away clothes and books.
11. England was in need of workers then.
12. Weeks passed without incident.

9.5

1. mom • 2. nappy • 3. baby carriage • 4. allowance • 5. to go out with sb

9.6

gross – *widerlich* • engaged – *verlobt* • pension – *Rente* • guest house – *Pension* • staff – *Personal* • gang – *Bande* • *Chor* – choir • *persönlich* – personal • *Pflicht* – chore • *groß* – big • *engagiert* – involved • *Gang* – corridor

9.7 Der Stammbaum ist natürlich sehr individuell, hier eine mögliche Darstellung

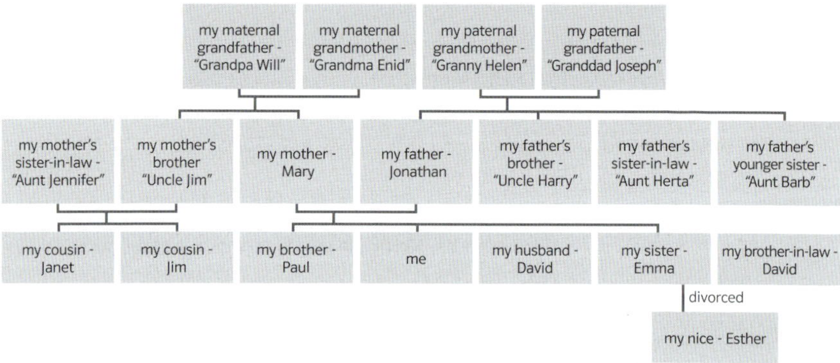

III Sprache, Medien und Kommunikation

10 Kommunikation und Sprache

10.1

1. We are in regular communication with our clients / customers.
2. I approached him about getting back together.
3. Then we had a long talk.
4. I questioned him about his past.
5. Sex is not our only topic of conversation.
6. You should have listened to his side of the story.
7. The minister congratulated him on his last victory.
8. Would you make the introductions?
9. This example should serve as a warning to him that telling lies does not get you anywhere.
10. Are you implying / insinuating that I'm making excuses?
11. What are you getting at?
12. There's not much point in learning individual words by heart.
13. Sorry to interrupt.

10.2

1. re'quest • 2. com'mand • 3. per'suade • 4. 'insult (n) • 5. in'sult (v); 6. hel'lo • 7. disa'ppointed • 8. 'circumstance • 9. recom'mend • 10. de'monstrative • 11. inter'rogative • 12. im'perative • 13. 'compound (n) • 14. 'dialect

10.3

1. full stop / period • 2. comma • 3. colon • 4. hyphen • 5. question mark • 6. exclamation mark • 7. semicolon • 8. dash • 9. apostrophe • 10. brackets / parentheses • 11. quotation marks • 12. accent(s)

10.4

uncountable: truth • touch (Kontakt) • communication • luck • advice • permission • vocabulary • register • punctuation • lower case
countable: opinion • lie • disagreement • fact • pronunciation • capital (Großbuchstabe)

10.5

1. perhaps • 2. sad • 3. opinion • 4. appear • 5. absolutely • 6. naturally / certainly • 7. permit • 8. upper case • 9. period

11 Medien

11.1 Musterlösung

Hardware/software: bits • bytes • software • data • operating system (OS) • information technology (IT) • memory • notebook • laptop • slash/backslash • button • key • right/left mouse button • mouse pad/mat • monitor • screen • window • cursor • icon • (laser/ink-jet) printer • offline/online • (hard disk/DVD-ROM/ CD-ROM) drive • memory stick • hard disk • (text/graphics) file • format • CD writer • folder • backup • computer virus • application • program • feature • word processor • database • command • user • (technical) support • manual • (wireless) local area network [(W) LAN] • username • password • Internet • hit • link • browser • search engine • website • web page • home page • blog • webcam • chat room • webcast • podcast • email • mail • email address • spam • attachment • mailbox
Activities: process data • use a computer • a computer crashes • press a key • exit a program • input several pages of data • save sth • print a page • insert a CD/DVD into the CD drive • open a file • copy (page, image) • save sth to disk • zip a file • store data • restore data • back up • format sth • install sth • run a program • connect a computer to the Internet • disconnect • log in/out • go online • check one's mailbox • surf the Internet • download a file from the Intenet • upload a file • chat • post a message • email sth to sb

11.2

1. answer a call/pick up the phone • 2. long-distance call • 3. free

11.3

1. He never answers the phone.
2. Only few cars have hands free facilities as a standard feature.
3. Please switch off your mobile phone[s] during all classes / during class.
4. Download free ring tones.
5. We have an urgent call for Mr Maier / Herr Maier.
6. Please hold the line.
7. Klett publishers. Neumann speaking.
8. Would you please leave a message for Mr / Herr Lederbogen?
9. There will be live coverage of the match. / The match will be broadcast live.
10. He has not paid his television licence.
11. The article appeared in the latest issue of Time Magazine.
12. The scandal made headlines.
13. Can you turn the volume / sound up a bit? / Can you make it a bit louder?
14. Computers process data.
15. I pressed the wrong key, and then it went down / crashed.
16. To exit the program, you have to press the enter key / press enter.

11.4

Britisches Englisch	Amerikanisches Englisch
1. mobile (phone)	2. cell phone
3. phone box	4. phone booth
5. answerphone	6. answering machine (auch BE)
7. post	8. mail (auch BE)
9. postcode	10. zip code
11. postman (postwoman)	12. mailman / female mail carrier
13. express delivery	14. special delivery
15. letterbox	16. mailbox
17. presenter	18. host (auch BE)
19. aerial	20. antenna
21. photograph	22. picture
23. mouse mat	24. mouse pad (auch BE)
24. to e-mail / to email	26. to mail

11.5

countable: connection • facility • area code • provider • advertisement
uncountable: stationery • snail mail • post • information • Bluetooth • telephony • airmail • advertising • data • software

11.6

1. te'lephony • 2. mass 'media • 3. cable 'television / cable tele'vision • 4. 'excerpt • 5. ap'pendices • 6. ad'vertisement • 7. 'record (n) • 8. 'input • 9. 'backup • 10. back 'up • 11. up'date (v) • 12. 'update (n) • 13. 'module • 14. 'programming • 15. user-'friendly • 16. ad'ministrator • 17. disco'nnect • 18. on'line / off'line • 19. down'load / up'load • 20. 'hardware

11.7

Gebrauch des Wortes:

a) – b) Im Englischen kommt die Wendung „im Internet surfen" ohne Präposition aus, man „surft das Internet".

c) – d) Genauso wie man nicht „im" Internet surft, geht man auch nicht hinein, um dort einzukaufen, den Einkauf erledigt man "on the Internet".

e) – f) Mittels Internet kann man sowohl im Englischen als im Deutschen einkaufen. Allerdings verwendet man in diesem Fall im Deutschen keinen Artikel, im Englischen bleibt es beim bestimmten Artikel.
Wurde im Englischen früher das Wort Internet immer großgeschrieben, findet man es heutzutage häufig auch kleingeschrieben.

g) – h) Im Englischen kann man Dinge „durch" das Internet (*through the Internet*) erledigen, z. B. Informationen einholen. Während man im Deutschen oft „über" das Internet agiert; so kann man über das Internet einkaufen oder miteinander kommunizieren.

Wortschatzlernen: Das Beispiel verdeutlicht, dass es immer sinnvoll ist, ein Wort samt seiner möglichen Konstruktionen zu lernen - ***surf the Internet* - *on the Internet* - *via the Internet* - *through the Internet*** - und auch ein Blick auf die Unterschiede zur Muttersprache hilfreich sein kann, sodass es nicht zu falschen Konstruktionen kommt.

IV Bildung, Arbeitswelt und Wirtschaft

12 Bildung und Wissenschaft

12.1

1. for • 2. picked up • 3. develop • 4. good/bad • 5. making • 6. at • 7. received • 8. from • 9. nurture • 10. strict • 11. take • 12. broken

12.2

1. They are very strict about the students they accept.
2. I was on the teaching staff / I was a member of the teaching staff when it happened.
3. He has learned nothing from / in his private lessons.
4. There are some advantages to being a headteacher (BE) / principal.
5. It will help / develop / foster your reading skills.
6. The teachers assign a lot of pair work.
7. Form groups of three.
8. She's very good at role-play.
9. Most of them were revising for their imminent / upcoming exams.
10. He translated the text from German into English.
11. I'll tell you after we've finished the exercise.
12. You should practise pronouncing the word.

12.3

1. physics • 2. medicine • 3. biology • 4. history • 5. linguistics • 6. philosophy • 7. mathematics (maths) • 8. psychology

12.4

1. a classmate • 2. a timetable / schedule • 3. the curriculum • 4. your upbringing (education) • 5. praise • 6. vocational • 7. a translation • 8. an outline • 9. failure • 10. A levels • 11. a refectory • 12. fee(s) • 13. a guinea pig • 14. an award

12.5

1. Bachelor of Science • 2. Master of Arts • 3. Master of Science • 4. Doctor of Medicine • 5. Doctor of Philosophy • 6. Physical Education

12.6

There are different types of Hochschulen in Germany:

- Fachhochschulen; although they carry out research, their activities are more closely geared to the practical needs of industry, commerce and the professions.
- Academic Hochschulen (universities), they are organized in departments with different courses / fields of study, such as medicine or mechanical engineering.

The earliest German universities were Heidelberg (1385), Cologne (1388) and Leipzig (1409). The qualification for admission to a German university is the Abitur (roughly equivalent to British A levels or US high school diploma).

12.7

8.30 a.m.	– Stop at the computer lab to check e-mail and Facebook messages. Run off to class.
9:00 a.m.	– Language teaching methods class starts with a discussion on last week's reading. A role-play to illustrate the main points of the reading gives us a chance to get up out of our seats.
10:30 a.m.	– Run to the next building for more caffeine and a chocolate chip muffin before the next class.
11 a.m.	– Victorian England lecture ends with a discussion on sex in the Victorian Age.
12:30 p.m.	– Eat at refectory, pick up dry-cleaning for job interview. Cycle back to university to meet up with a professor.
1:30 p.m.	– Stop by professor's office to clarify an assignment.
2 p.m.	– Go to the university library to pick up some books and to complete assignments due tomorrow.
4 p.m.	– Head over to the fitness centre with a classmate to workout.
5 p.m.	– Leave for dinner. Hop in the shower; hop back out. Do the dishes piled in the sink. Go through the mail and clean up the desk.
8 p.m.	– Go to the cinema with Peter to watch the latest James Bond.
9:45 p.m.	– Home again. Settle in with some salt and vinegar crisps and write out my to-do list for tomorrow. Also, finish up my readings for tomorrow's seminars.
11:30 p.m.	– Take out contact lenses, brush teeth, check alarm three times, and fall into an unmade bed.

12.8 Kernvokabular: Podcast – Education Systems

apply to a school, universities and colleges • college system / university system • four years of undergraduate studies • two years of graduate studies • four years of studies for PhD degrees • for other majors (such as medicine) the graduate level studies would be much longer • apply to get into an undergraduate programme • to pick a school • what kind of bureaucracies does one have to go through … • go online to find school rankings • break down the school by different professions / student-staff ratio / how much money it is going to cost / how well people do after they get the degree from the school in question • online application

13 Arbeit und Beruf

13.1

1. A good education and training are necessary to qualify for these more attractive jobs.
2. Many immigrants arrive with at least a working knowledge of English.
3. This task should be performed only by those who are experienced in the technique.
4. The new technology allows the skilled workers to be even more productive.
5. Few people are training to be plant breeders.
6. It's often difficult to get someone to show you the ropes.
7. She should apply for a job in Ireland.
8. He arrived a few minutes early for his job interview.
9. Anyone who is interested should obtain an application form as soon as possible.
10. Four days later, he received a job offer.
11. Like all boys, he had learnt a trade in his youth.
12. He will always have a steady job.

13.2

1. résumé • 2. flextime • 3. employ • 4. jobseeker's allowance • 5. rise • 6. vacation • 7. Vertrauensmann der Gewerkschaft

13.3 Musterlösung – Textbausteine für Ihre individuelle Lösung

Dear …,

Re: Application for the post of …

I have seen / I refer to your advertisement in …
I am most interested in …
As you can see from my enclosed CV, I am currently employed by / work for
My current post is that of …
I have held this post for …

Even though I am successful in my current position, …

My current salary is …

I very much hope that you will grant me an interview / consider my application
I am available for interview at short notice

I enclose my CV / resume

Yours sincerely,

13.4 Kernvokabular: Podcast – Job matters

to lose your job • to be made redundant • to be looking to move on anyway • enjoy your job • join a company / business • to get called into an office • to be told that your job is up for review • to be on notice • to be looking actively to leave • shut down a company • to be out of the job • to take some time off • something one can do for money • the more skilled you can become, the more you can charge • to make a complete change of direction • to do voluntary service overseas • to work for a nonprofit organisation (NPO) that posts people with various skills around the world • to be particularly keen to work somewhere • my skill set is management • to run a programme / a centre / a company • to apply for a vacancy

14 Wirtschaftsleben

14.1

1. by • 2. mend • repair • 3. dug / bored • 4. launch • 5. on • 6. about • 7. run • 8. made • 9. placed • 10. with / at • 11. credited with • 12. pay / settle

14.2

1. Their strategic target is to achieve / capture 30 per cent of the British carpet market (market in carpets) by 2020.
2. The company has pumped one million into new equipment.
3. He did an experiment with a piece of string and an iron bar.
4. His teeth had been pulled out with (a pair of) pliers.
5. With reference to our letter of 23rd May we would like to inform you that we cannot stand by our offer.
6. The company has produced a surplus of 1.7 billion dollars.
7. The company is axing / cutting / shedding 200 jobs at its Bradford headquarters.
8. Sales are up 57 per cent in the first quarter (of the year).
9. This company deals in vitamins and other nutrient supplements.
10. The airline has placed an order for three new machines.

14.3 Musterlösung

Dear Sir or Madam,

Overdraft

My account is currently overdrawn by 2,000 €. I wish to apologize for the delay in balancing my account (,which is due to circumstances beyond my control / an accounting error on my part / a sudden drop in demand for the products I sell / …). As a result of the recession, I have run into financial difficulties / I am myself owed substantial sums of money by my customers (…). Since my difficulties are only of a temporary nature / are through no fault of my own, I would be grateful if you would allow me extra time.

I once again offer my sincerest apologies for the delay. I promise / will ensure that such a thing will not happen again.
I look forward to hearing from you soon.
Yours faithfully,

14.4 Musterlösung

1. The text is about the recovery of New York's economy after the destruction of the World Trade Centre.
2. In order to demonstrate New York's economic recovery, the author draws attention to three facts: (1) New York's budget is running a surplus, (2) the office market of the city's financial district has recovered, and (3) some of the US's biggest companies have recently moved their headquarters to New York.
3. New York is a very important financial, trading, cultural and communications centre.
4. The author sets up links between the first two paragraphs by repeating the noun *recovery*, substituting *terror* for *terrorist attacks* and using the phrase *9/11* to refer to the destruction of the World Trade Centre.
5. Formally, the paragraphs in question are linked by means of the conjunction *and*. With regard to information content, they are linked by expansion. In paragraph 4 the author expands on the point made in paragraph 3. Thus the noun phrase *economic collapse* corresponds to the prepositional phrase introduced by *despite*, while the word group beginning with the pronoun *we* corresponds to *some of the US's biggest companies were in fact moving their headquarters to New York*.

Bei den Gedenkfeiern zum fünften Jahrestag[1] der Terroranschläge[2], welche die Türme des Welthandelszentrums zum Einsturz brachten, hat der New Yorker Bürgermeister[3] Michael Bloomberg die wirtschaftliche Erholung[4] der Stadt begrüßt. Eine Erholung des Büromarkts[5] im New Yorker Finanzviertel[6] und ein durch steigende Steuereinnahmen aus einem Wall-Street-Boom[7] bedingter Haushaltsüberschuss straften all jene Lügen, die unmittelbar nach den Anschlägen vom 11. September prophezeit hatten, die Terroristen würden die Geschäftsleute aus Manhattan vertreiben. „Nach den Anschlägen vom 11. September ist der von „al-Qaeda" beabsichtigte und von einigen Schwarzsehern[8] befürchtete wirtschaftliche Zusammenbruch[9] ausgeblieben. Stattdessen sind wir jetzt stärker und sicherer als jemals zuvor", sagte Bloomberg. Trotz Befürchtungen, dass einige Betriebe ihren Standort in weniger profilierte Städte verlegen könnten, hätten einige der größten US-Unternehmen tatsächlich beschlossen, ihren Hauptsitz nach New York zu verlegen[10]. In diesem Jahr haben 44 der in der „Fortune 500"-Liste aufgeführten Firmen ihren Hauptsitz in New York. Somit habe New York gegenüber 2005 einen Zuwachs erzielt und könne 21 Firmensitze mehr vorweisen als sein nächster Konkurrent (Houston). Damit, so Bloomberg, sei eine seit zehn Jahren anhaltende Abwanderung aus New York umgekehrt worden.

[1]anlässlich des fünften Jahrestages | [2]Terrorattacken / Terrorattentate / der terroristischen Anschläge | [3]New Yorks Bürgermeister | [4]den Wiederaufschwung | [5]Büroflächenmarkt / Büroimmobilienmarkt | [6]Finanzbezirk / Finanzdistrikt | [7]Boom an der Wall Street | [8]Untergangspropheten / Schwarzmaler | [9]Kollaps / Wirtschaftseinbruch / Wirtschaftskollaps | [10]verlagern

14.5 Die Lösung hängt vom gewählten Text ab.

14.6

1. machinery • 2. a target • 3. a current account • 4. to transfer / to remit • 5. retail(ing) • 6. demand • 7. oil rig • 8. insurance • 9. (an) incentive • 10. expenses

14.7 Individuelle Lösung.

V Freizeit

15 Freizeit

15.1

1. Priority was given to the development of sports and recreational facilities.
2. The company runs a big amusement park outside Paris.
3. The boss apparently shows no interest in what you are doing.
4. If you're not sure what triggers your loneliness, keep a diary.
5. The playground was deserted.
6. It's possibly the oldest board game in the world.
7. He then throws the dice from his open hand.
8. We'll take turns.
9. Let's deal the cards.
10. He continues to compete for his club.

15.2

1. Freizeit • 2. recreation center • 3. picture • 4. girl guide • 5. draughts • 6. deck (of cards) • 7. Leichtathletik • 8. soccer • 9. football • 10. tie (BE + AE) • 11. (movie) theater • 12. switch over to • 13. hen night

15.3

countable: collection • puzzle • playground • suit • season • race
uncountable: recreation • time • culture • entertainment • amusement • clubbing • hide-and-seek • chess • athletics • hiking

Online-Link 519534-0009

15.4 Im Internet finden Sie zahlreiche Anleitungen für *Draughts*, wie man in England sagt und *Checkers*, wie das Spiel in Amerika heißt.

Musterlösung:

Set up

The game is played by two players. Each player holds 12 coloured discs (either black or red).

The board consists of 64 squares, i.e. 32 dark and 32 light squares. It is positioned in such a way that each player will have a light square on his right.

Each player places their pieces on the 12 dark squares closest to him or her.

The moves

Black moves first. Players then alternate moves.

Moves are allowed only on the dark squares, so pieces can only be moved diagonally. Single pieces can only be moved forward (towards the opponent).

Capturing

Non-capturing and capturing moves are possible.

A piece making a non-capturing move (not involving a jump) may only be moved one square.

A piece making a capturing move (a jump) can be moved over one of the opponent's pieces, landing in a straight diagonal line on the other side. Only one piece may be captured in a single jump; however, multiple jumps are allowed during a single move.

When a piece is captured, it is removed from the board.

If a player is able to make a capture, he has no option but to jump. If more than one capture is possible, the player has several options.

The King

When a piece reaches the row that is furthest from the player who controls it, it is crowned and becomes a king. One of the captured pieces is placed on top of the king so that it is twice as high as a single piece.

While single pieces are limited to forward moves, kings are limited to moving diagonally but may move both forwards and backwards. Kings may combine jumps in several directions – forwards and backwards – during the same move. Single pieces may change direction diagonally during a multiple capture, but must always jump forwards (towards the opponent).

A player wins the game when his or her opponent is unable to make a move. In most cases this is because all of the opponent's pieces have been captured but it could also be because all of his pieces are blocked.

16 Reisen

16.1

1. delayed • 2. travel documents • 3. valid • 4. complete / fill in / fill out • 5. duty on • 6. declare • 7. customs • 8. tight • 9. put you up • 10. convenient • 11. charge

16.2

countable: gift • choice • takeaway • reception • holiday home • inspection
uncountable: duty • security • passport control • accommodation • fast food • staff • sightseeing

16.3

1. Our special offer includes full board, use of swimming pool and all other facilities.
2. You will have to pay a deposit of 15% of the purchase price.
3. They were brought to the flat by the landlady.
4. Johanna and her family stayed in a holiday home, self-catering.
5. Sounds like a menu in a haute-cuisine restaurant …
6. There is a wide choice / variety of sightseeing opportunities.
7. A young star chef has started work there.
8. Travelling is when you see the sights and get sunburned.
9. The entrance fee is £15 per person.
10. The ruins of this temple will regain a noble beauty.

16.4

1. accommodations • 2. accommodation • 3. Gepäckträger / Page • 4. bellhop • 5. Zeltplatz / Campingplatz • 6. campground • 7. recreational vehicle (RV) • 8. camper • 9. Essen zum Mitnehmen • 10. takeaway • 11. Rechnung • 12. bill • 13. restroom • 14. toilet

16.5

Hier muss die Lösung sehr individuell sein. Das Internet bietet Ihnen zahlreiche Anregungen für Ihre Broschüre.

Online-Link
519534-0010

VI Umwelt und Verkehr

17 Verkehr und Verkehrsmittel

17.1

1. way • 2. boarding • 3. sank • 4. use • 5. gave • 6. for • 7. slam • 8. sharp • 9. took • 10. prevention • 11. change • 12. failed

17.2

1. It's against the law to use a car horn after 11 pm.
2. How fast would you drive on a clear motorway?
3. Your brake light is not working.
4. Cars which cause significant obstruction run the risk of being towed away.
5. The joyriders wrecked four cars.
6. He missed the chippie (chips shop / roach coach [AE]) on the corner of the street where he grew up.
7. The traffic lights were red / the signal (AE) was at red when he crossed the street / road.
8. When he changed lanes, he narrowly missed a workman who was blocking / who was about to block the outside lane / the passing lane (AE).
9. The underpass runs / goes under a railway line / track.
10. We got a flat (tyre) / had a puncture on the way back.
11. I only parked in the bike lane for five minutes.
12. There is no second class on British trains. It was renamed standard class about twenty years ago.
13. Quantas has / offers flights to Perth from £700. These include a stopover in Bangkok.
14. We liked walking along the canal.
15. 50 years ago the HMS Windrush docked at / in the port of Southampton.

17.3

1. You mustn't exceed the speed limit of 50 miles per hour.
   There are radar controls ahead.
2. This sign marks the speed limit in the area of a playground for a particular time of day, i.e. from 8:30 am to one hour after sunset.
3. There shouldn't be any cars coming your way – the traffic only goes in one direction.
4. Just as the sign says: "Do not enter!" – Don't drive down the road the wrong way; there might be cars coming your way.

17.4

BE	AE	Translation
indicator	turn signal	*Blinker*
main road	highway	*Hauptstraße; Bundesstraße*
dual carriageway	divided highway	*Schnellstraße mit getrennten Fahrbahnen*
motorway	expressway	*Autobahn*
rear light	tail light	*Rücklicht*
number plate	license plate	*Nummernschild*
windscreen	windshield	*Windschutzscheibe*
bonnet	hood	*Motorhaube*
boot	trunk	*Kofferraum*
change gears	shift gears	*den Gang wechseln*

17.5

1. the pedal • 2. to reverse • 3. to collect • 4. a turning • 5. the speed limit • 6. a roundabout • 7. roadworks • 8 tarmac • 9. breakdown • 10. tram (AE cablecar) • 11. the platform • 11. a bend

17.6 Musterlösung

	includes	good for	bad because
1.	cars, lorries, buses, motorbikes	passengers; private use; freight; short distances; door-to-door journeys	slow; dangerous; exhaust fumes; traffic jams
2.	passenger trains freight trains	medium-length journeys; passengers; heavy and bulky goods intercity use	expensive; villages poorly served
3.	passenger lines ferries hovercraft cargo ships (container ships) oil tankers	pleasure sailing heavy and bulky goods long distance travel	slow few destinations
4.	jet airliners light aircraft helicopters	passengers light goods valuables long-distance travel	noise from airports expensive high costs space for airports

18 Natur, Umwelt, Ökologie

18.1

1. clear • 2. dry • 3. compass • 4. degrees • 5. poured • 6. fierce • 7. struck • 8. blew • 9. rough • 10. events • 11. high • 12. severe • 13. severely / badly

18.2

1. In England the coldest weather arises when the wind is from the east or northeast.
2. The maximum temperature at Rochester, Minnesota, on Monday was -8 degrees.
3. I have a vivid memory of a holiday at the seaside when I was eight.
4. At the top of the mountain is the duke's court.
5. Our planet moves through space at an astonishing speed / pace.
6. The sun shone for two weeks.
7. He was sitting in a bare room.
8. The Rhine flows into the North Sea at Rotterdam.
9. North Korea was/has been hit by severe floods.
10. Cold, damp air is a perfect breeding ground for bacteria.
11. It's a mixture of different herbs.
12. She was shaking with cold.

18.3

1. a spell (i.e. of good weather) • 2. the elements • 3. a precious metal • 4. a herb • 5. a leaf • 6. blossoms • 7. biodegradable • 8. to flash • 9. fog

18.4

1. Poland • 2. Portugal • 3. the Netherlands / Holland • 4. Brazil • 5. France • 6. New Zealand • 7. Thailand • 8. Yemen

18.5 Musterlösung

Slowly we rise into the air over New York. Below us, we see skyscrapers, rows and rows of suburban homes and factories with their tall chimneys pouring out smoke. A little further on, the land becomes mountainous – now we are in the Appalachian mountains. Now to more fertile lands – the rich farmlands of the Midwest. To the north we can catch a glimpse of the five Great Lakes lying between the United States and Canada. Then on to the huge prairies and rough cattle-grazing ground of the Western plains. A little further on, the snow-capped Rocky mountains appear. Below us, we see cascading waterfalls and foaming rapids. Once over this high mountain range, we fly down towards the lush valleys of California and the beaches of the Pacific Ocean.

18.6 Musterlösung

Dear Mr Jones,

Thank you for your letter of March 12. Here is the information you have requested on weather conditions in Germany.

Munich has a continental climate, strongly modified by the proximity of the Alps. In general summers are fairly warm and very wet, prone to thunderstorms, while winters are cold with light snowfalls. The Alps cause two unique aberrations in the weather in Munich. South-westerly winds crossing the Alps can bring warm Föhn conditions, during any season but only on a few days a year, pushing up temperatures markedly even in winter. When north-westerly winds blow from the mountains, however, weather conditions known as Alpenstau occur, most often in spring and summer, which bring unseasonably low temperatures, rain and even snow on odd days.

Hamburg is a fairly wet and windy city, prevailing westerly winds blowing in moist air from the North Sea. Summers are warm but rainy, with occasional brief dry, sunny spells. Winters are cold, sometimes chilling to 28ºF (-2ºC) or below in January, the coldest month, when the Elbe and lakes in the city centre have been known to freeze enough for ice-skating. Snowfall is usually light, starting in early December, with icy sleet being the more common form of winter precipitation. Spring is very pleasant in Hamburg when the city's thousands of trees come into bloom with a new cloak of green, and days start to warm up after the dreary winter.

Berlin enjoys pleasant, sunny summers when days are long and temperatures can sometimes exceed 86°F (30°C), particularly in July and August. However the summer months are also unpredictable, and odd days can rapidly change from sunshine to cloud. Winter weather in Berlin, by contrast, is bitterly cold and damp, with plentiful snow and frosty days when temperatures hover at or just below freezing. Rain can fall all year round, but the wettest months are June and August, and the driest on average October and February.

I hope this is sufficient. Should you require any further information, please do not hesitate to contact me.

Best regards,

Frederico Santini

VII Die schönen Künste

19 Politik und Staat

19.1

1. powers • 2. in • 3. for • 4. go to • 5. vigorously / adamantly / vehemently • 6. proposed • 7. obtained / got • 8. abolish • 9. dropped • 10. sued • 11. denied, pleaded

19.2

1. The aborigines were denied human rights.
2. He was once again in trouble with the authorities.
3. He was the son of a minor civil servant.
4. He was / served on the committee which produced the Watergate report.
5. An official statement said that the Prime Minister had fallen ill.
6. He always refused to discuss his private life.
7. He asked for a campaign donation.
8. In 1807 slavery was abolished throughout British territory.
9. He is said to be a potential candidate for the presidency.
10. According to the latest / most recent opinion polls, Schumann will win the election.
11. Weak government is not unusual in post-war Britain.
12. Congress recently passed a bill to decrease the luxury tax on automobiles by one per cent a year.

19.3

1. fingerprints • 2. a bill • 3. a polling station • 4. a defendant • 5. income tax • 6. the civil service • 7. a treaty

19.4

- "All public authority emanates from the people." This is the underlying principle of democracy laid down in the German constitution or 'Basic Law'. The people exercise that authority in elections and indirectly through the legislature, the executive and the judiciary.
- The constitutional bodies with primarily legislative responsibilities are the Bundestag and the Bundesrat. Executive responsibilities lie mainly with the Federal Government and the Federal President.
- The Bundestag is elected by the people every four years. Members of the Bundestag are representatives of the whole people; they are not bound by any instructions, only by their conscience. In line with their party allegiances they form parliamentary groups.

- The Bundesrat represents the 16 federal states. It participates in the legislative process and administration of the Federation. In contrast to the USA, which has a senatorial system with elected representatives, the Bundesrat consists of members of the State Governments. More than half of all bills require the formal approval of the Bundesrat. This applies especially to bills which concern interests of the federal states.
- The Federal Government, also called 'the Cabinet', consists of the Federal Chancellor and the Federal Ministers. The Federal Chancellor forms the Cabinet und determines the number of ministers. The German system of Government is often referred to as a 'chancellor democracy'. The chancellor is the only member of the Cabinet elected by parliament and s/he alone is responsible to it.

19.5 Musterlösung

politics: democracy • parliament • government • federal government • form a government • cabinet • electorate • run for office • be in office • take office • executive • legislative • judicial • deliver a speech • constitution • candidate • campaign • election • delegate • poll • voter • law • unalienable rights • sign an act • hold a government post • form a government • be sworn into office • deliver a speech
UK: kingdom • monarchy • the Crown • the British Empire • House of Lords • House of Commons • prime minister • secretary • foreign secretary • civil servant • 'first past the post' • Tories • Conservative Party • Conservative MP • Labour (Party)
US: president • Congress • senator • Senate • House of Representatives • federal states • governor • public servant • Democratic Party • Republican Party • state law • federal law • amendment

20 Bildende Kunst, Musik, Literatur

20.1

genres: pop • rock • classical music • opera • musical • jazz • folk • reggae • gospel • blues • rock'n'roll • heavy metal • punk • rap • hip hop • techno • ...
instruments: stringed instruments: violin • viola • cello • harp • banjo • piano • organ • (lead) guitar • drums • woodwind instruments: flute • clarinet • saxophone • bagpipes • brass instruments: trumpet • trombone • tuba • recorder • ...
activities: sing along • sing in tune, play drums • play the song by ear • compose/ write a song • play scales • be on tour • ...

20.2

1. Thomas was familiar with contemporary art and architecture.
2. There was also the exhibition of symbolical objects.
3. The altar should be in proportion to the church.
4. Then Renate put down her brush.
5. The forgery did not pass undiscovered.
6. She works only on sculpture or in pastel.
7. Their children were expected to read music and play some instrument.
8. Her children began to sing along with her.
9. It was all rather out of tune.
10. He was trained by his mother, who made him play scales.
11. The same feature makes men's voices deep in pitch.
12. That's music built around three chords.

20.3

1. tremendous • 2. masterpiece • 3. much • 4. final • 5. from • 6. on • 7. licence • 8. flaw • 9. playwright • 10. relief • 11. takes • 12. create • 13. symbol • 14. connotation

20.4

uncountable: work (das Schaffen, Arbeiten) • drawing (das Zeichnen) • painting (das Malen) • music • irony • romanticism • harmony • jazz • humour • prose
countable: work (das Werk) • painting (das Gemälde) • drawing (die Zeichnung) • pitch • tune • melody • draft • myth • contrast

20.5 Die Lösung ist sehr individuell, aber vielleicht haben Sie einige dieser Phrasen verwendet.

X's new book is a collection of … (some of his adventures and travels around the world over the past 20 years).
This book is a joy to read, instructive and reflective. / … is an enjoyable book.
This book presents a frank portrait of …
Set over a two-year time frame, … brings together … characters whose lives …
Central to the story is … Other characters include …
Aimed at …, it is written in funny story style …

… is one of the many qualities that distinguishes this refreshingly different book.

A must buy!

21 Religion und Geschichte

21.1

1. He converted to Christianity while in custody / during his time in custody.
2. She has faith in the Lord / in God.
3. They are there as pilgrims and want to say their prayers.
4. I haven't got time to listen to a sermon, all right?
5. The farmer told them that he had put a spell on them.
6. It was almost as if it was some ancient magic spell.
7. Its roots are said to lie in the pagan traditions of the Celtic world.
8. Four cities banned animal sacrifice.
9. I'll tell your fortune.
10. Experts use statistical and personal data to make their predictions less speculative.

21.2

Pfarrer - vicar • *Sinn* - sense • *kross* - crusty • *Vikar* - curate • *Kreuz* - cross • *Sünde* - sin

21.3

countable: soul • custom • morals • gospel • religion • belief • sacrifice • civilization • tradition
uncountable: evil • grace • heaven • good • charity • paradise • hell • Christianity • faith • atheism • grace • fortune • fate • creation • slavery

21.4

1. 1 Homo erectus • 2 Homo sapiens • 3 Homo habilis • 4 Homo sapiens sapiens
2. The United States Declaration of Independence
3. United Kingdom • Canada • Australia • New Zealand • South Africa
4. John F. Kennedy
5. 1 Cold war: Post-war period marked by tension and conflict between the US and Soviet Union, the super-powers of the time • 2 Little Rock: In 1957 nine black students, who were denied entrance to Little Rock High School, were escorted to school by the US Army, while the National Guard, by order of the Arkansas Governor, tried to keep the students out. • 3 John F. Kennedy: President of the United States from 1961 to 1963. • 4 Cuban missile crisis: Escalation of the cold war in 1961
6. Homeland Security Act

VIII Farben und Messbares

22 Raum und Zeit

22.1

1. spaces • 2. turn • 3. aside • 4. for • 5. leap • 6. age • 7. tomorrow • 8. sudden • 9. external

22.2

1. decade • 2. at lunchtime / at noon • 3. the day before yesterday

22.3

1. He was sitting / sat in his favourite spot by the window.
2. What is needed / we need are car parks within walking distance of the city centre.
3. Mobile phone masts should be located in remote areas away from / outside towns and villages.
4. New York and Boston are 200 miles apart geographically, but even more distant philosophically.
5. My connections stretch across half the continent.
6. Fortunately, I always wake up just in time to get off (the bus) at my stop.
7. A week from today, the cycle will start again.
8. The night before last I was up until five in the morning.

22.4

1. here • 2. everywhere • 3. out of range • 4. far / a long way / distant • 5. late • 6. long • 7. permanent • 8. rarely / seldom / infrequently

23 Farben und Formen

23.1

1. circle – circular • 2. diamond / rhombus – diamond-shaped / rombic • 3. cylinder – cylindrical • 4. triangle – triangular • 5. pyramid – pyramid-shaped • 6. square – square • 7. cube – cubic / cuboid / cube-shaped • 8. rectangle – rectangular • 9. sphere – spherical • 10a. pentagon – pentagonal

23.2

1. edge • 2. pale • 3. in • 4. geometrical • 5. is • 6. turns / is • 7. to • 8. in • 9. square • 10. diamond • 11. cylinder • 12. circle

23.3

1. They are normally / usually of a greenish colour.
2. The abbey was shaped like a cross with its head pointing east / whose head pointed east.
3. He signed on the dotted line.
4. The field slopes from east to west at an angle of 7 degrees.
5. The boundary line of the country resembles / is similar to an equilateral triangle.
6. Water always forms a flat S curve rather than a straight line from ridge to valley.
7. Please form a circle.
8. He was falling almost vertically through the sky.

24 Mengen und Maße

24.1

1. The circus is built to the exact dimensions of Stonehenge.
2. Such a project eats up billions of euros.
3. I tried to weigh the rucksack on some ordinary bathroom scales.
4. Stir in the coconut milk and an equal amount of water.
5. This brings the total number of staff to 170.
6. He danced all alone on his own stage.
7. Half of my friends are gay.
8. He knows quite a few tricks.
9. Frau Maier is not very good at figures.
10. At (the) last count there are more than 12,000 accidents a year.
11. Here in Germany the public knows little of his international career.
12. There are days when I'm only half awake.

24.2

1. light • 2. sufficient • 3. entire • 4. a bunch of • 5. a dozen • 6. nothing • 7. multiply • 8. roughly / approximately / about • 9. accurate • 10. more

24.3

1. least • 2. many / much • 3. foot, yard • 4. gallon

24.4

2. height • 3. depth • 4. width • 5. weight

24.5

1. two point eight • 2. percent / per cent • 3. 2.54 cm • 4. 1,000,000,000 $ (= eine Milliarde Dollar)

IX Allgemeine Begriffe und Strukturen

25 Allgemeine Begriffe und Funktionswörter

25.1

1. Things are getting better on the job market.
2. The arts centre is the largest of its kind outside London.
3. In 1986 he launched Mates, a brand of condoms whose profits go to charity / with profits donated to charity.
4. That's typical of Germans!
5. The potential candidates can be divided into three categories.
6. The price of a mobile varies from company to company.
7. The word "lettore" corresponds to German "Lektor".
8. Put the following words in the right order.
9. The latter belongs to the duke of Kent.
10. One should not confuse cause and effect.
11. Some industries make a great impact on the climate.

25.2

1. kind of • 2. crucial • 3. chief • 4. alike • 5. tremendous • 6. considerable • 7. unusual • 8. strange • 9. perfect / ideal • 10. simple • 11. familiar, known • 12. universal • 13. particular • 14. abstract • 15. ordinary • 16. practical • 17. genuine, fake • 18. scarcely / barely • 19. quite

25.3

1. I didn't want to / wasn't going to confront these three boys by myself.
2. Nobody pays their television licence these days, (or) do they?
3. No matter what / Whatever colour you're going to choose, it looks stupid.
4. She was the first true American and, as such, the mother of the new generations to come.
5. If either partner is dissatisfied, the relationship can be broken off.
6. You'd better do your homework unless you want a bad mark.
7. Now that we're back in Germany / we're living in Germany again, I'm forgetting my English.
8. Otherwise I'm fine, except I'm terribly afraid of terrorist attacks.
9. I know a lot of / many immigrants whose parents are from Turkey.
10. Considering he's already 45, he's incredibly well preserved.
11. Some idiot left the TV on.
12. Once you lose / have lost trust [in someone], you can never get it back.